Planifico mi oposición

Copyright © 2017 Dolphin Dreams

Portada y maquetación: Raquel Montiel Núñez

All rights reserved.
Quedan prohibidos, dentro de los límites establecidos en la ley, la reproducción total o parcial de esta obra por cualquier medio o procedimiento, ya sea electrónico o mecánico y tratamiento informático, alquiler o cualquier otra forma de cesión de la obra sin la autorización previa y por escrito de los titulares del copyright.

ISBN-13: 978-1976412165

ISBN-10: 1976412161

FECHAS IMPORTANTES

ENERO

FEBRERO

MARZO

ABRIL

MAYO

JUNIO

JULIO

AGOSTO

SEPTIEMBRE

OCTUBRE

NOVIEMBRE

DICIEMBRE

Mes: _____

Lunes   Martes   Miércoles   Jueves   Viernes   Sábado   Domingo

Objetivos del mes:

Importante:

Mes: _____

Lunes	Martes	Miércoles	Jueves	Viernes	Sábado	Domingo

Objetivos del mes:

Importante:

Mes: _____

Lunes   Martes   Miércoles   Jueves   Viernes   Sábado   Domingo

Objetivos del mes:

Importante:

Mes: _____

Lunes Martes Miércoles Jueves Viernes Sábado Domingo

Objetivos del mes:

Importante:

Mes: _____

Lunes	Martes	Miércoles	Jueves	Viernes	Sábado	Domingo

Objetivos del mes:

Importante:

Mes: _____

Lunes   Martes   Miércoles   Jueves   Viernes   Sábado   Domingo

Objetivos del mes:

Importante:

Mes: _____

Lunes	Martes	Miércoles	Jueves	Viernes	Sábado	Domingo

Objetivos del mes:
_____
_____
_____
_____
_____

Importante:
_____
_____
_____
_____
_____

Mes: _____

Lunes	Martes	Miércoles	Jueves	Viernes	Sábado	Domingo

Objetivos del mes:

Importante:

Mes: _____

Lunes   Martes   Miércoles   Jueves   Viernes   Sábado   Domingo

Objetivos del mes:

Importante:

Mes: _____

Lunes	Martes	Miércoles	Jueves	Viernes	Sábado	Domingo

Objetivos del mes:

Importante:

Mes: _____

Lunes	Martes	Miércoles	Jueves	Viernes	Sábado	Domingo

Objetivos del mes:

_____
_____
_____
_____
_____

Importante:

_____
_____
_____
_____
_____

Mes: _____

Lunes	Martes	Miércoles	Jueves	Viernes	Sábado	Domingo

Objetivos del mes:
_____
_____
_____
_____
_____

Importante:
_____
_____
_____
_____
_____

Hoy va a ser
Mi día

FECHA

HORARIO

HORA	ACTIVIDAD

Frase motivadora

PROYECTO

NOTAS

TEMAS A ESTUDIAR
- ☐
- ☐
- ☐
- ☐
- ☐
- ☐
- ☐
- ☐
- ☐
- ☐

NO OLVIDAR...

Hoy va a ser Mi día

FECHA

Frase motivadora

PROYECTO

HORARIO

HORA	ACTIVIDAD

NOTAS

TEMAS A ESTUDIAR
- ☐
- ☐
- ☐
- ☐
- ☐
- ☐
- ☐
- ☐
- ☐
- ☐

NO OLVIDAR...

Hoy va a ser
Mí día

FECHA

Frase motivadora

PROYECTO

HORARIO

HORA	ACTIVIDAD

NOTAS

TEMAS A ESTUDIAR
- ☐
- ☐
- ☐
- ☐
- ☐
- ☐
- ☐
- ☐
- ☐
- ☐
- ☐

NO OLVIDAR...

Hoy va a ser Mi día

FECHA

Frase motivadora

PROYECTO

HORARIO

HORA	ACTIVIDAD

NOTAS

TEMAS A ESTUDIAR
- ☐
- ☐
- ☐
- ☐
- ☐
- ☐
- ☐
- ☐
- ☐
- ☐

NO OLVIDAR...

Hoy va a ser Mí día

FECHA

HORARIO

HORA	ACTIVIDAD

Frase motivadora

PROYECTO

NOTAS

TEMAS A ESTUDIAR
- ☐
- ☐
- ☐
- ☐
- ☐
- ☐
- ☐
- ☐
- ☐
- ☐

NO OLVIDAR...

Hoy va a ser Mi día

FECHA

Frase motivadora

PROYECTO

HORARIO

HORA	ACTIVIDAD

NOTAS

TEMAS A ESTUDIAR
- [ ]
- [ ]
- [ ]
- [ ]
- [ ]
- [ ]
- [ ]
- [ ]
- [ ]
- [ ]

NO OLVIDAR...

Hoy va a ser
Mi día

FECHA

Frase motivadora

HORARIO

HORA	ACTIVIDAD

PROYECTO

NOTAS

TEMAS A ESTUDIAR
- ☐
- ☐
- ☐
- ☐
- ☐
- ☐
- ☐
- ☐
- ☐
- ☐

NO OLVIDAR...

Hoy va a ser Mí día

FECHA

HORARIO

HORA	ACTIVIDAD

Frase motivadora

PROYECTO

NOTAS

TEMAS A ESTUDIAR

- ☐
- ☐
- ☐
- ☐
- ☐
- ☐
- ☐
- ☐
- ☐
- ☐

NO OLVIDAR...

Hoy va a ser Mi día

FECHA

Frase motivadora

PROYECTO

HORARIO

HORA	ACTIVIDAD

NOTAS

TEMAS A ESTUDIAR
- ☐
- ☐
- ☐
- ☐
- ☐
- ☐
- ☐
- ☐
- ☐
- ☐

NO OLVIDAR...

Hoy va a ser **Mi día**

FECHA

HORARIO

HORA	ACTIVIDAD

Frase motivadora

PROYECTO

NOTAS

TEMAS A ESTUDIAR
- ☐
- ☐
- ☐
- ☐
- ☐
- ☐
- ☐
- ☐
- ☐
- ☐

NO OLVIDAR...

Hoy va a ser

Mi día

FECHA

Frase motivadora

PROYECTO

HORARIO

HORA	ACTIVIDAD

NOTAS

TEMAS A ESTUDIAR
- ☐
- ☐
- ☐
- ☐
- ☐
- ☐
- ☐
- ☐
- ☐
- ☐
- ☐

NO OLVIDAR...

Hoy va a ser Mi día

FECHA

Frase motivadora

PROYECTO

HORARIO

HORA	ACTIVIDAD

NOTAS

TEMAS A ESTUDIAR

- ☐
- ☐
- ☐
- ☐
- ☐
- ☐
- ☐
- ☐
- ☐
- ☐

NO OLVIDAR...

Hoy va a ser Mí día

Frase motivadora

FECHA

HORARIO

HORA	ACTIVIDAD

PROYECTO

NOTAS

TEMAS A ESTUDIAR
- ☐
- ☐
- ☐
- ☐
- ☐
- ☐
- ☐
- ☐
- ☐
- ☐

NO OLVIDAR...

Hoy va a ser Mí día

Frase motivadora

FECHA

HORARIO

HORA	ACTIVIDAD

PROYECTO

NOTAS

TEMAS A ESTUDIAR
- ☐
- ☐
- ☐
- ☐
- ☐
- ☐
- ☐
- ☐
- ☐
- ☐

NO OLVIDAR...

Hoy va a ser
Mi día

FECHA

HORARIO

HORA	ACTIVIDAD

Frase motivadora

PROYECTO

NOTAS

TEMAS A ESTUDIAR
- ☐
- ☐
- ☐
- ☐
- ☐
- ☐
- ☐
- ☐
- ☐
- ☐

NO OLVIDAR...

Hoy va a ser **Mí día**

FECHA

Frase motivadora

PROYECTO

HORARIO

HORA	ACTIVIDAD

NOTAS

TEMAS A ESTUDIAR
- ☐
- ☐
- ☐
- ☐
- ☐
- ☐
- ☐
- ☐
- ☐
- ☐

NO OLVIDAR...

Hoy va a ser Mí día

FECHA

HORARIO

HORA	ACTIVIDAD

Frase motivadora

PROYECTO

NOTAS

TEMAS A ESTUDIAR
- [ ]
- [ ]
- [ ]
- [ ]
- [ ]
- [ ]
- [ ]
- [ ]
- [ ]
- [ ]
- [ ]

NO OLVIDAR...

Hoy va a ser Mi día

FECHA

Frase motivadora

PROYECTO

HORARIO

HORA	ACTIVIDAD

NOTAS

TEMAS A ESTUDIAR
- ☐
- ☐
- ☐
- ☐
- ☐
- ☐
- ☐
- ☐
- ☐
- ☐

NO OLVIDAR...

Hoy va a ser Mi día

FECHA

Frase motivadora

PROYECTO

HORARIO

HORA	ACTIVIDAD

NOTAS

TEMAS A ESTUDIAR
- [ ]
- [ ]
- [ ]
- [ ]
- [ ]
- [ ]
- [ ]
- [ ]
- [ ]
- [ ]

NO OLVIDAR...

Hoy va a ser
Mi día

FECHA

HORARIO

HORA	ACTIVIDAD

Frase motivadora

PROYECTO

NOTAS

TEMAS A ESTUDIAR
- ☐
- ☐
- ☐
- ☐
- ☐
- ☐
- ☐
- ☐
- ☐
- ☐

NO OLVIDAR...

Hoy va a ser **Mí día**

FECHA

HORARIO

HORA	ACTIVIDAD

Frase motivadora

PROYECTO

NOTAS

TEMAS A ESTUDIAR
- ☐
- ☐
- ☐
- ☐
- ☐
- ☐
- ☐
- ☐
- ☐
- ☐

NO OLVIDAR...

Hoy va a ser
Mi día

FECHA

Frase motivadora

HORARIO

HORA	ACTIVIDAD

PROYECTO

NOTAS

TEMAS A ESTUDIAR
- ☐
- ☐
- ☐
- ☐
- ☐
- ☐
- ☐
- ☐
- ☐
- ☐

NO OLVIDAR...

Hoy va a ser Mi día

FECHA

Frase motivadora

PROYECTO

HORARIO

HORA	ACTIVIDAD

NOTAS

TEMAS A ESTUDIAR
- [ ]
- [ ]
- [ ]
- [ ]
- [ ]
- [ ]
- [ ]
- [ ]
- [ ]
- [ ]

NO OLVIDAR...

Hoy va a ser Mí día

FECHA

Frase motivadora

PROYECTO

HORARIO

HORA	ACTIVIDAD

NOTAS

TEMAS A ESTUDIAR
- [ ]
- [ ]
- [ ]
- [ ]
- [ ]
- [ ]
- [ ]
- [ ]
- [ ]
- [ ]

NO OLVIDAR...

Hoy va a ser
Mi día

FECHA

HORARIO

HORA	ACTIVIDAD

Frase motivadora

PROYECTO

NOTAS

TEMAS A ESTUDIAR
- [ ]
- [ ]
- [ ]
- [ ]
- [ ]
- [ ]
- [ ]
- [ ]
- [ ]
- [ ]

NO OLVIDAR...

Hoy va a ser Mi día

FECHA

Frase motivadora

PROYECTO

HORARIO

HORA	ACTIVIDAD

NOTAS

TEMAS A ESTUDIAR
- [ ]
- [ ]
- [ ]
- [ ]
- [ ]
- [ ]
- [ ]
- [ ]
- [ ]
- [ ]

NO OLVIDAR...

Hoy va a ser **Mi día**

FECHA _____

HORARIO

HORA	ACTIVIDAD

Frase motivadora

PROYECTO

NOTAS

TEMAS A ESTUDIAR
- [ ]
- [ ]
- [ ]
- [ ]
- [ ]
- [ ]
- [ ]
- [ ]
- [ ]
- [ ]

NO OLVIDAR...

Hoy va a ser
Mi día

FECHA

HORARIO

HORA	ACTIVIDAD

Frase motivadora

PROYECTO

NOTAS

TEMAS A ESTUDIAR
- ☐
- ☐
- ☐
- ☐
- ☐
- ☐
- ☐
- ☐
- ☐
- ☐

NO OLVIDAR...

Hoy va a ser Mí día

FECHA

Frase motivadora

HORARIO

HORA	ACTIVIDAD

PROYECTO

NOTAS

TEMAS A ESTUDIAR
- [ ]
- [ ]
- [ ]
- [ ]
- [ ]
- [ ]
- [ ]
- [ ]
- [ ]
- [ ]

NO OLVIDAR...

Hoy va a ser

Mi día

FECHA

HORARIO

HORA	ACTIVIDAD

Frase motivadora

PROYECTO

NOTAS

TEMAS A ESTUDIAR
- ☐
- ☐
- ☐
- ☐
- ☐
- ☐
- ☐
- ☐
- ☐
- ☐

NO OLVIDAR...

Hoy va a ser **Mí día**

Frase motivadora

FECHA

PROYECTO

HORARIO

HORA	ACTIVIDAD

NOTAS

TEMAS A ESTUDIAR
- ☐
- ☐
- ☐
- ☐
- ☐
- ☐
- ☐
- ☐
- ☐
- ☐

NO OLVIDAR...

Hoy va a ser
Mi día

FECHA

HORARIO

HORA	ACTIVIDAD

Frase motivadora

PROYECTO

NOTAS

TEMAS A ESTUDIAR
- [ ]
- [ ]
- [ ]
- [ ]
- [ ]
- [ ]
- [ ]
- [ ]
- [ ]
- [ ]

NO OLVIDAR...

Hoy va a ser Mí día

FECHA

Frase motivadora

PROYECTO

HORARIO

HORA	ACTIVIDAD

NOTAS

TEMAS A ESTUDIAR
- [ ]
- [ ]
- [ ]
- [ ]
- [ ]
- [ ]
- [ ]
- [ ]
- [ ]
- [ ]

NO OLVIDAR...

Hoy va a ser
Mi día

FECHA

HORARIO

HORA	ACTIVIDAD

Frase motivadora

PROYECTO

NOTAS

TEMAS A ESTUDIAR
- ☐
- ☐
- ☐
- ☐
- ☐
- ☐
- ☐
- ☐
- ☐
- ☐
- ☐

NO OLVIDAR...

Hoy va a ser Mí día

FECHA

Frase motivadora

HORARIO

HORA	ACTIVIDAD

PROYECTO

NOTAS

TEMAS A ESTUDIAR
- ☐
- ☐
- ☐
- ☐
- ☐
- ☐
- ☐
- ☐
- ☐
- ☐

NO OLVIDAR...

Hoy va a ser Mí día

FECHA

Frase motivadora

HORARIO

HORA	ACTIVIDAD

PROYECTO

NOTAS

TEMAS A ESTUDIAR
- [ ]
- [ ]
- [ ]
- [ ]
- [ ]
- [ ]
- [ ]
- [ ]
- [ ]
- [ ]

NO OLVIDAR...

Hoy va a ser
Mi día

FECHA

HORARIO

HORA	ACTIVIDAD

Frase motivadora

PROYECTO

NOTAS

TEMAS A ESTUDIAR
- ☐
- ☐
- ☐
- ☐
- ☐
- ☐
- ☐
- ☐
- ☐
- ☐

NO OLVIDAR...

Hoy va a ser

Mi día

FECHA

HORARIO

HORA	ACTIVIDAD

Frase motivadora

PROYECTO

NOTAS

TEMAS A ESTUDIAR
- ☐
- ☐
- ☐
- ☐
- ☐
- ☐
- ☐
- ☐
- ☐
- ☐

NO OLVIDAR...

Hoy va a ser
Mi día

FECHA

HORARIO

HORA	ACTIVIDAD

Frase motivadora

PROYECTO

NOTAS

TEMAS A ESTUDIAR
- ☐
- ☐
- ☐
- ☐
- ☐
- ☐
- ☐
- ☐
- ☐
- ☐

NO OLVIDAR...

Hoy va a ser
Mi día

FECHA

Frase motivadora

PROYECTO

HORARIO

HORA	ACTIVIDAD

NOTAS

TEMAS A ESTUDIAR
- ☐
- ☐
- ☐
- ☐
- ☐
- ☐
- ☐
- ☐
- ☐
- ☐

NO OLVIDAR...

Hoy va a ser Mí día

FECHA

HORARIO

HORA	ACTIVIDAD

Frase motivadora

PROYECTO

NOTAS

TEMAS A ESTUDIAR
- [ ]
- [ ]
- [ ]
- [ ]
- [ ]
- [ ]
- [ ]
- [ ]
- [ ]
- [ ]

NO OLVIDAR...

Hoy va a ser Mi día

FECHA

Frase motivadora

PROYECTO

HORARIO

HORA	ACTIVIDAD

NOTAS

TEMAS A ESTUDIAR
- [ ]
- [ ]
- [ ]
- [ ]
- [ ]
- [ ]
- [ ]
- [ ]
- [ ]
- [ ]

NO OLVIDAR...

Hoy va a ser
Mí día

FECHA

HORARIO

HORA	ACTIVIDAD

Frase motivadora

PROYECTO

NOTAS

TEMAS A ESTUDIAR
- ☐
- ☐
- ☐
- ☐
- ☐
- ☐
- ☐
- ☐
- ☐
- ☐

NO OLVIDAR...

Hoy va a ser Mí día

FECHA

HORARIO

HORA	ACTIVIDAD

Frase motivadora

PROYECTO

NOTAS

TEMAS A ESTUDIAR
- ☐
- ☐
- ☐
- ☐
- ☐
- ☐
- ☐
- ☐
- ☐
- ☐

NO OLVIDAR...

Hoy va a ser Mi día

FECHA

HORARIO

HORA	ACTIVIDAD

Frase motivadora

PROYECTO

NOTAS

TEMAS A ESTUDIAR
- ☐
- ☐
- ☐
- ☐
- ☐
- ☐
- ☐
- ☐
- ☐
- ☐

NO OLVIDAR...

Hoy va a ser **Mi día**

FECHA

Frase motivadora

PROYECTO

HORARIO

HORA	ACTIVIDAD

NOTAS

TEMAS A ESTUDIAR
- ☐
- ☐
- ☐
- ☐
- ☐
- ☐
- ☐
- ☐
- ☐
- ☐
- ☐

NO OLVIDAR...

Hoy va a ser Mí día

FECHA _____

HORARIO

HORA	ACTIVIDAD

Frase motivadora

PROYECTO

NOTAS

TEMAS A ESTUDIAR
- ☐
- ☐
- ☐
- ☐
- ☐
- ☐
- ☐
- ☐
- ☐
- ☐

NO OLVIDAR...

Hoy va a ser Mí día

FECHA

HORARIO

HORA	ACTIVIDAD

Frase motivadora

PROYECTO

NOTAS

TEMAS A ESTUDIAR
- [ ]
- [ ]
- [ ]
- [ ]
- [ ]
- [ ]
- [ ]
- [ ]
- [ ]
- [ ]

NO OLVIDAR...

Hoy va a ser
Mi día

FECHA

Frase motivadora

HORARIO

HORA	ACTIVIDAD

PROYECTO

NOTAS

TEMAS A ESTUDIAR
- ☐
- ☐
- ☐
- ☐
- ☐
- ☐
- ☐
- ☐
- ☐
- ☐

NO OLVIDAR...

Hoy va a ser Mí día

Frase motivadora

FECHA

PROYECTO

HORARIO

HORA	ACTIVIDAD

NOTAS

TEMAS A ESTUDIAR
- ☐
- ☐
- ☐
- ☐
- ☐
- ☐
- ☐
- ☐
- ☐
- ☐

NO OLVIDAR...

Hoy va a ser Mi día

FECHA

HORARIO

HORA	ACTIVIDAD

Frase motivadora

PROYECTO

NOTAS

TEMAS A ESTUDIAR
- ☐
- ☐
- ☐
- ☐
- ☐
- ☐
- ☐
- ☐
- ☐
- ☐

NO OLVIDAR...

Hoy va a ser **Mí día**

FECHA _____

Frase motivadora

HORARIO

HORA	ACTIVIDAD

PROYECTO

NOTAS

TEMAS A ESTUDIAR
- ☐
- ☐
- ☐
- ☐
- ☐
- ☐
- ☐
- ☐
- ☐
- ☐

NO OLVIDAR...

Hoy va a ser
Mi día

FECHA

HORARIO

HORA	ACTIVIDAD

Frase motivadora

PROYECTO

NOTAS

TEMAS A ESTUDIAR
- ☐
- ☐
- ☐
- ☐
- ☐
- ☐
- ☐
- ☐
- ☐
- ☐

NO OLVIDAR...

Hoy va a ser Mí día

FECHA

HORARIO

HORA	ACTIVIDAD

Frase motivadora

PROYECTO

NOTAS

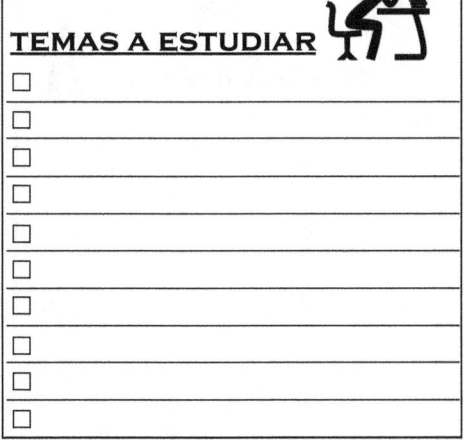

TEMAS A ESTUDIAR
- ☐
- ☐
- ☐
- ☐
- ☐
- ☐
- ☐
- ☐
- ☐
- ☐

NO OLVIDAR...

Hoy va a ser Mi día

Frase motivadora

FECHA

HORARIO

HORA	ACTIVIDAD

PROYECTO

NOTAS

TEMAS A ESTUDIAR
- ☐
- ☐
- ☐
- ☐
- ☐
- ☐
- ☐
- ☐
- ☐
- ☐

NO OLVIDAR...

Hoy va a ser **Mi día**

Frase motivadora

FECHA

PROYECTO

HORARIO

HORA	ACTIVIDAD

NOTAS

TEMAS A ESTUDIAR
- ☐
- ☐
- ☐
- ☐
- ☐
- ☐
- ☐
- ☐
- ☐
- ☐

NO OLVIDAR...

Hoy va a ser
Mi día

FECHA

HORARIO

HORA	ACTIVIDAD

Frase motivadora

PROYECTO

NOTAS

TEMAS A ESTUDIAR
- ☐
- ☐
- ☐
- ☐
- ☐
- ☐
- ☐
- ☐
- ☐
- ☐

NO OLVIDAR...

Hoy va a ser
Mi día

FECHA

HORARIO

HORA	ACTIVIDAD

Frase motivadora

PROYECTO

NOTAS

TEMAS A ESTUDIAR
- [ ]
- [ ]
- [ ]
- [ ]
- [ ]
- [ ]
- [ ]
- [ ]
- [ ]
- [ ]
- [ ]

NO OLVIDAR...

Hoy va a ser Mí día

FECHA

HORARIO

HORA	ACTIVIDAD

Frase motivadora

PROYECTO

NOTAS

TEMAS A ESTUDIAR
- ☐
- ☐
- ☐
- ☐
- ☐
- ☐
- ☐
- ☐
- ☐
- ☐

NO OLVIDAR...

Hoy va a ser Mi día

FECHA

Frase motivadora

PROYECTO

HORARIO

HORA	ACTIVIDAD

NOTAS

TEMAS A ESTUDIAR
- [ ]
- [ ]
- [ ]
- [ ]
- [ ]
- [ ]
- [ ]
- [ ]
- [ ]
- [ ]

NO OLVIDAR...

Hoy va a ser Mí día

FECHA

Frase motivadora

PROYECTO

HORARIO

HORA	ACTIVIDAD

NOTAS

TEMAS A ESTUDIAR
- [ ]
- [ ]
- [ ]
- [ ]
- [ ]
- [ ]
- [ ]
- [ ]
- [ ]
- [ ]

NO OLVIDAR...

Hoy va a ser **Mi día**

FECHA

Frase motivadora

PROYECTO

HORARIO

HORA	ACTIVIDAD

NOTAS

TEMAS A ESTUDIAR
- ☐
- ☐
- ☐
- ☐
- ☐
- ☐
- ☐
- ☐
- ☐
- ☐

NO OLVIDAR...

Hoy va a ser

Mi día

FECHA

HORARIO

HORA	ACTIVIDAD

Frase motivadora

PROYECTO

NOTAS

TEMAS A ESTUDIAR
- [ ]
- [ ]
- [ ]
- [ ]
- [ ]
- [ ]
- [ ]
- [ ]
- [ ]
- [ ]

NO OLVIDAR...

Hoy va a ser

Mi día

FECHA

HORARIO

Frase motivadora

PROYECTO

NOTAS

HORA	ACTIVIDAD

TEMAS A ESTUDIAR
- ☐
- ☐
- ☐
- ☐
- ☐
- ☐
- ☐
- ☐
- ☐
- ☐

NO OLVIDAR...

Hoy va a ser Mí día

FECHA

HORARIO

HORA	ACTIVIDAD

Frase motivadora

PROYECTO

NOTAS

TEMAS A ESTUDIAR
- ☐
- ☐
- ☐
- ☐
- ☐
- ☐
- ☐
- ☐
- ☐
- ☐

NO OLVIDAR...

Hoy va a ser

Mi día

FECHA

HORARIO

HORA	ACTIVIDAD

Frase motivadora

PROYECTO

NOTAS

TEMAS A ESTUDIAR
- [ ]
- [ ]
- [ ]
- [ ]
- [ ]
- [ ]
- [ ]
- [ ]
- [ ]
- [ ]

NO OLVIDAR...

Hoy va a ser **Mí día**

FECHA

Frase motivadora

PROYECTO

NOTAS

HORARIO

HORA	ACTIVIDAD

TEMAS A ESTUDIAR
- ☐
- ☐
- ☐
- ☐
- ☐
- ☐
- ☐
- ☐
- ☐
- ☐

NO OLVIDAR...

Hoy va a ser Mi día

FECHA

Frase motivadora

PROYECTO

HORARIO

HORA	ACTIVIDAD

NOTAS

TEMAS A ESTUDIAR
- ☐
- ☐
- ☐
- ☐
- ☐
- ☐
- ☐
- ☐
- ☐
- ☐

NO OLVIDAR...

Hoy va a ser **Mí día**

FECHA

HORARIO

HORA	ACTIVIDAD

Frase motivadora

PROYECTO

NOTAS

TEMAS A ESTUDIAR
- ☐
- ☐
- ☐
- ☐
- ☐
- ☐
- ☐
- ☐
- ☐
- ☐

NO OLVIDAR...

Hoy va a ser
Mi día

FECHA

Frase motivadora

HORARIO

HORA	ACTIVIDAD

PROYECTO

NOTAS

TEMAS A ESTUDIAR
- ☐
- ☐
- ☐
- ☐
- ☐
- ☐
- ☐
- ☐
- ☐
- ☐

NO OLVIDAR...

Hoy va a ser **Mi día**

FECHA

Frase motivadora

PROYECTO

HORARIO

HORA	ACTIVIDAD

NOTAS

TEMAS A ESTUDIAR
- ☐
- ☐
- ☐
- ☐
- ☐
- ☐
- ☐
- ☐
- ☐
- ☐

NO OLVIDAR...

Hoy va a ser Mi día

FECHA

HORARIO

HORA	ACTIVIDAD

Frase motivadora

PROYECTO

NOTAS

TEMAS A ESTUDIAR
- ☐
- ☐
- ☐
- ☐
- ☐
- ☐
- ☐
- ☐
- ☐
- ☐

NO OLVIDAR...

Hoy va a ser Mi día

FECHA _____

Frase motivadora

PROYECTO

HORARIO

HORA	ACTIVIDAD

NOTAS

TEMAS A ESTUDIAR
- [ ]
- [ ]
- [ ]
- [ ]
- [ ]
- [ ]
- [ ]
- [ ]
- [ ]
- [ ]

NO OLVIDAR...

Hoy va a ser
Mi día

FECHA

HORARIO

HORA	ACTIVIDAD

Frase motivadora

PROYECTO

NOTAS

TEMAS A ESTUDIAR
- ☐
- ☐
- ☐
- ☐
- ☐
- ☐
- ☐
- ☐
- ☐
- ☐

NO OLVIDAR...

Hoy va a ser
Mi día

FECHA

Frase motivadora

HORARIO

HORA	ACTIVIDAD

PROYECTO

NOTAS

TEMAS A ESTUDIAR
- ☐
- ☐
- ☐
- ☐
- ☐
- ☐
- ☐
- ☐
- ☐
- ☐

NO OLVIDAR...

Hoy va a ser
Mi día

FECHA

Frase motivadora

HORARIO

HORA	ACTIVIDAD

PROYECTO

NOTAS

TEMAS A ESTUDIAR
- ☐
- ☐
- ☐
- ☐
- ☐
- ☐
- ☐
- ☐
- ☐
- ☐

NO OLVIDAR...

Hoy va a ser Mí día

FECHA

HORARIO

HORA	ACTIVIDAD

Frase motivadora

PROYECTO

NOTAS

TEMAS A ESTUDIAR
- [ ]
- [ ]
- [ ]
- [ ]
- [ ]
- [ ]
- [ ]
- [ ]
- [ ]
- [ ]
- [ ]

NO OLVIDAR...

Hoy va a ser **Mí día**

FECHA

HORARIO

HORA	ACTIVIDAD

Frase motivadora

PROYECTO

NOTAS

TEMAS A ESTUDIAR
- ☐
- ☐
- ☐
- ☐
- ☐
- ☐
- ☐
- ☐
- ☐
- ☐

NO OLVIDAR...

Hoy va a ser Mí día

FECHA

Frase motivadora

PROYECTO

HORARIO

HORA	ACTIVIDAD

NOTAS

TEMAS A ESTUDIAR
- [ ]
- [ ]
- [ ]
- [ ]
- [ ]
- [ ]
- [ ]
- [ ]
- [ ]
- [ ]

NO OLVIDAR...

Hoy va a ser Mí día

FECHA

Frase motivadora

HORARIO

HORA	ACTIVIDAD

PROYECTO

NOTAS

TEMAS A ESTUDIAR
- ☐
- ☐
- ☐
- ☐
- ☐
- ☐
- ☐
- ☐
- ☐
- ☐

NO OLVIDAR...

Hoy va a ser Mí día

FECHA

Frase motivadora

PROYECTO

HORARIO

HORA	ACTIVIDAD

NOTAS

TEMAS A ESTUDIAR

- ☐
- ☐
- ☐
- ☐
- ☐
- ☐
- ☐
- ☐
- ☐
- ☐
- ☐

NO OLVIDAR...

Hoy va a ser **Mi día**

FECHA

HORARIO

HORA	ACTIVIDAD

Frase motivadora

PROYECTO

NOTAS

TEMAS A ESTUDIAR
- ☐
- ☐
- ☐
- ☐
- ☐
- ☐
- ☐
- ☐
- ☐
- ☐

NO OLVIDAR...

Hoy va a ser

Mi día

FECHA

HORARIO

HORA	ACTIVIDAD

Frase motivadora

PROYECTO

NOTAS

TEMAS A ESTUDIAR
- ☐
- ☐
- ☐
- ☐
- ☐
- ☐
- ☐
- ☐
- ☐
- ☐

NO OLVIDAR...

Hoy va a ser Mí día

Frase motivadora

FECHA

HORARIO

HORA	ACTIVIDAD

PROYECTO

NOTAS

TEMAS A ESTUDIAR
- ☐
- ☐
- ☐
- ☐
- ☐
- ☐
- ☐
- ☐
- ☐
- ☐

NO OLVIDAR...

Hoy va a ser
Mi día

FECHA

HORARIO

HORA	ACTIVIDAD

Frase motivadora

PROYECTO

NOTAS

TEMAS A ESTUDIAR
- ☐
- ☐
- ☐
- ☐
- ☐
- ☐
- ☐
- ☐
- ☐
- ☐

NO OLVIDAR...

Hoy va a ser
Mi día

FECHA

HORARIO

HORA	ACTIVIDAD

Frase motivadora

PROYECTO

NOTAS

TEMAS A ESTUDIAR
- ☐
- ☐
- ☐
- ☐
- ☐
- ☐
- ☐
- ☐
- ☐
- ☐

NO OLVIDAR...

Hoy va a ser Mí día

FECHA

Frase motivadora

PROYECTO

HORARIO

HORA	ACTIVIDAD

NOTAS

TEMAS A ESTUDIAR
- [ ]
- [ ]
- [ ]
- [ ]
- [ ]
- [ ]
- [ ]
- [ ]
- [ ]
- [ ]

NO OLVIDAR...

Hoy va a ser
Mi día

FECHA

HORARIO

Frase motivadora

PROYECTO

HORA	ACTIVIDAD

NOTAS

TEMAS A ESTUDIAR
- ☐
- ☐
- ☐
- ☐
- ☐
- ☐
- ☐
- ☐
- ☐
- ☐

NO OLVIDAR...

Hoy va a ser Mí día

FECHA

Frase motivadora

PROYECTO

HORARIO

HORA	ACTIVIDAD

NOTAS

TEMAS A ESTUDIAR
- ☐
- ☐
- ☐
- ☐
- ☐
- ☐
- ☐
- ☐
- ☐
- ☐

NO OLVIDAR...

Hoy va a ser Mí día

FECHA

HORARIO

HORA	ACTIVIDAD

Frase motivadora

PROYECTO

NOTAS

TEMAS A ESTUDIAR
- [ ]
- [ ]
- [ ]
- [ ]
- [ ]
- [ ]
- [ ]
- [ ]
- [ ]
- [ ]

NO OLVIDAR...

Hoy va a ser
Mi día

FECHA

HORARIO

HORA	ACTIVIDAD

Frase motivadora

PROYECTO

NOTAS

TEMAS A ESTUDIAR
- ☐
- ☐
- ☐
- ☐
- ☐
- ☐
- ☐
- ☐
- ☐
- ☐

NO OLVIDAR...

Hoy va a ser
Mi día
FECHA

Frase motivadora

HORARIO

HORA	ACTIVIDAD

PROYECTO

NOTAS

TEMAS A ESTUDIAR
- ☐
- ☐
- ☐
- ☐
- ☐
- ☐
- ☐
- ☐
- ☐
- ☐

NO OLVIDAR...

Hoy va a ser
Mí día

FECHA

Frase motivadora

PROYECTO

HORARIO

HORA	ACTIVIDAD

NOTAS

TEMAS A ESTUDIAR
- ☐
- ☐
- ☐
- ☐
- ☐
- ☐
- ☐
- ☐
- ☐
- ☐

NO OLVIDAR...

Hoy va a ser
Mi día

FECHA

HORARIO

HORA	ACTIVIDAD

Frase motivadora

PROYECTO

NOTAS

TEMAS A ESTUDIAR
- ☐
- ☐
- ☐
- ☐
- ☐
- ☐
- ☐
- ☐
- ☐
- ☐

NO OLVIDAR...

Hoy va a ser
Mi día

FECHA

HORARIO

HORA	ACTIVIDAD

Frase motivadora

PROYECTO

NOTAS

TEMAS A ESTUDIAR
- ☐
- ☐
- ☐
- ☐
- ☐
- ☐
- ☐
- ☐
- ☐
- ☐
- ☐

NO OLVIDAR...

Hoy va a ser **Mí día**

Frase motivadora

FECHA

HORARIO

HORA	ACTIVIDAD

PROYECTO

NOTAS

TEMAS A ESTUDIAR
- ☐
- ☐
- ☐
- ☐
- ☐
- ☐
- ☐
- ☐
- ☐
- ☐

NO OLVIDAR...

Hoy va a ser
Mi día

FECHA

HORARIO

HORA	ACTIVIDAD

Frase motivadora

PROYECTO

NOTAS

TEMAS A ESTUDIAR
- ☐
- ☐
- ☐
- ☐
- ☐
- ☐
- ☐
- ☐
- ☐
- ☐

NO OLVIDAR...

Hoy va a ser

Mi día

FECHA

HORARIO

HORA	ACTIVIDAD

Frase motivadora

PROYECTO

NOTAS

TEMAS A ESTUDIAR
- ☐
- ☐
- ☐
- ☐
- ☐
- ☐
- ☐
- ☐
- ☐
- ☐

NO OLVIDAR...

Hoy va a ser

Mi día

FECHA

HORARIO

HORA	ACTIVIDAD

Frase motivadora

PROYECTO

NOTAS

TEMAS A ESTUDIAR
- ☐
- ☐
- ☐
- ☐
- ☐
- ☐
- ☐
- ☐
- ☐
- ☐

NO OLVIDAR...

Hoy va a ser **Mí día**

FECHA

Frase motivadora

PROYECTO

HORARIO

HORA	ACTIVIDAD

NOTAS

TEMAS A ESTUDIAR
- [ ]
- [ ]
- [ ]
- [ ]
- [ ]
- [ ]
- [ ]
- [ ]
- [ ]
- [ ]

NO OLVIDAR...

Hoy va a ser Mí día

FECHA

HORARIO

HORA	ACTIVIDAD

Frase motivadora

PROYECTO

NOTAS

TEMAS A ESTUDIAR
- [ ]
- [ ]
- [ ]
- [ ]
- [ ]
- [ ]
- [ ]
- [ ]
- [ ]
- [ ]

NO OLVIDAR...

Hoy va a ser Mi día

FECHA

HORARIO

HORA	ACTIVIDAD

Frase motivadora

PROYECTO

NOTAS

TEMAS A ESTUDIAR
- [ ]
- [ ]
- [ ]
- [ ]
- [ ]
- [ ]
- [ ]
- [ ]
- [ ]
- [ ]

NO OLVIDAR...

Hoy va a ser
Mi día

FECHA

Frase motivadora

PROYECTO

HORARIO

HORA	ACTIVIDAD

NOTAS

TEMAS A ESTUDIAR
- [ ]
- [ ]
- [ ]
- [ ]
- [ ]
- [ ]
- [ ]
- [ ]
- [ ]
- [ ]

NO OLVIDAR...

Hoy va a ser Mi día

FECHA

Frase motivadora

HORARIO

HORA	ACTIVIDAD

PROYECTO

NOTAS

TEMAS A ESTUDIAR
- [ ]
- [ ]
- [ ]
- [ ]
- [ ]
- [ ]
- [ ]
- [ ]
- [ ]
- [ ]

NO OLVIDAR...

Hoy va a ser Mí día

Frase motivadora

_____
FECHA
_____

HORARIO

HORA	ACTIVIDAD

PROYECTO

NOTAS

TEMAS A ESTUDIAR
- [ ]
- [ ]
- [ ]
- [ ]
- [ ]
- [ ]
- [ ]
- [ ]
- [ ]
- [ ]

NO OLVIDAR...

Hoy va a ser Mi día

FECHA

Frase motivadora

PROYECTO

HORARIO

HORA	ACTIVIDAD

NOTAS

TEMAS A ESTUDIAR
- ☐
- ☐
- ☐
- ☐
- ☐
- ☐
- ☐
- ☐
- ☐
- ☐

NO OLVIDAR...

Hoy va a ser Mí día

FECHA

HORARIO

HORA	ACTIVIDAD

Frase motivadora

PROYECTO

NOTAS

TEMAS A ESTUDIAR
- [ ]
- [ ]
- [ ]
- [ ]
- [ ]
- [ ]
- [ ]
- [ ]
- [ ]
- [ ]

NO OLVIDAR...

Hoy va a ser

Mi día

FECHA

HORARIO

HORA	ACTIVIDAD

Frase motivadora

PROYECTO

NOTAS

TEMAS A ESTUDIAR
- ☐
- ☐
- ☐
- ☐
- ☐
- ☐
- ☐
- ☐
- ☐
- ☐

NO OLVIDAR...

Hoy va a ser
Mi día

FECHA

HORARIO

HORA	ACTIVIDAD

Frase motivadora

PROYECTO

NOTAS

TEMAS A ESTUDIAR
- ☐
- ☐
- ☐
- ☐
- ☐
- ☐
- ☐
- ☐
- ☐
- ☐

NO OLVIDAR...

Hoy va a ser **Mi día**

FECHA _____

HORARIO

HORA	ACTIVIDAD

Frase motivadora

PROYECTO

NOTAS

TEMAS A ESTUDIAR
- ☐
- ☐
- ☐
- ☐
- ☐
- ☐
- ☐
- ☐
- ☐
- ☐

NO OLVIDAR...

Hoy va a ser
Mi día

FECHA

HORARIO

HORA	ACTIVIDAD

Frase motivadora

PROYECTO

NOTAS

TEMAS A ESTUDIAR
- ☐
- ☐
- ☐
- ☐
- ☐
- ☐
- ☐
- ☐
- ☐
- ☐

NO OLVIDAR...

Hoy va a ser
Mi día

FECHA

HORARIO

HORA	ACTIVIDAD

Frase motivadora

PROYECTO

NOTAS

TEMAS A ESTUDIAR
- ☐
- ☐
- ☐
- ☐
- ☐
- ☐
- ☐
- ☐
- ☐
- ☐

NO OLVIDAR...

Hoy va a ser Mí día

FECHA

HORARIO

HORA	ACTIVIDAD

Frase motivadora

PROYECTO

NOTAS

TEMAS A ESTUDIAR

- ☐
- ☐
- ☐
- ☐
- ☐
- ☐
- ☐
- ☐
- ☐
- ☐

NO OLVIDAR...

Hoy va a ser Mí día

FECHA

HORARIO

HORA	ACTIVIDAD

Frase motivadora

PROYECTO

NOTAS

TEMAS A ESTUDIAR
- ☐
- ☐
- ☐
- ☐
- ☐
- ☐
- ☐
- ☐
- ☐
- ☐

NO OLVIDAR...

Hoy va a ser **Mi día**

_____
FECHA

HORARIO

HORA	ACTIVIDAD

Frase motivadora

PROYECTO

NOTAS

TEMAS A ESTUDIAR
- ☐
- ☐
- ☐
- ☐
- ☐
- ☐
- ☐
- ☐
- ☐
- ☐

NO OLVIDAR...

Hoy va a ser
Mi día

FECHA

HORARIO

HORA	ACTIVIDAD

Frase motivadora

PROYECTO

NOTAS

TEMAS A ESTUDIAR
- ☐
- ☐
- ☐
- ☐
- ☐
- ☐
- ☐
- ☐
- ☐
- ☐

NO OLVIDAR...

Hoy va a ser
Mi día

FECHA

HORARIO

HORA	ACTIVIDAD

Frase motivadora

PROYECTO

NOTAS

TEMAS A ESTUDIAR
- ☐
- ☐
- ☐
- ☐
- ☐
- ☐
- ☐
- ☐
- ☐
- ☐

NO OLVIDAR...

Hoy va a ser Mí día

FECHA

Frase motivadora

PROYECTO

HORARIO

HORA	ACTIVIDAD

NOTAS

TEMAS A ESTUDIAR
- ☐
- ☐
- ☐
- ☐
- ☐
- ☐
- ☐
- ☐
- ☐
- ☐

NO OLVIDAR...

Hoy va a ser Mi día

FECHA

HORARIO

HORA	ACTIVIDAD

Frase motivadora

PROYECTO

NOTAS

TEMAS A ESTUDIAR
- ☐
- ☐
- ☐
- ☐
- ☐
- ☐
- ☐
- ☐
- ☐
- ☐

NO OLVIDAR...

Hoy va a ser Mí día

FECHA

HORARIO

HORA	ACTIVIDAD

Frase motivadora

PROYECTO

NOTAS

TEMAS A ESTUDIAR
- [ ]
- [ ]
- [ ]
- [ ]
- [ ]
- [ ]
- [ ]
- [ ]
- [ ]
- [ ]

NO OLVIDAR...

Hoy va a ser
Mi día

Frase motivadora

FECHA

HORARIO

HORA	ACTIVIDAD

PROYECTO

NOTAS

TEMAS A ESTUDIAR
- ☐
- ☐
- ☐
- ☐
- ☐
- ☐
- ☐
- ☐
- ☐
- ☐
- ☐

NO OLVIDAR...

Hoy va a ser Mí día

Frase motivadora

FECHA

HORARIO

HORA	ACTIVIDAD

PROYECTO

NOTAS

TEMAS A ESTUDIAR
- ☐
- ☐
- ☐
- ☐
- ☐
- ☐
- ☐
- ☐
- ☐
- ☐

NO OLVIDAR...

Hoy va a ser Mi día

FECHA

Frase motivadora

HORARIO

HORA	ACTIVIDAD

PROYECTO

NOTAS

TEMAS A ESTUDIAR

- ☐
- ☐
- ☐
- ☐
- ☐
- ☐
- ☐
- ☐
- ☐
- ☐

NO OLVIDAR...

Hoy va a ser **Mi día**

FECHA

HORARIO

HORA	ACTIVIDAD

Frase motivadora

PROYECTO

NOTAS

TEMAS A ESTUDIAR
- ☐
- ☐
- ☐
- ☐
- ☐
- ☐
- ☐
- ☐
- ☐
- ☐

NO OLVIDAR...

Hoy va a ser **Mí día**

Frase motivadora

FECHA

HORARIO

HORA	ACTIVIDAD

PROYECTO

NOTAS

TEMAS A ESTUDIAR
- ☐
- ☐
- ☐
- ☐
- ☐
- ☐
- ☐
- ☐
- ☐
- ☐

NO OLVIDAR...

Hoy va a ser Mí día

FECHA

HORARIO

HORA	ACTIVIDAD

Frase motivadora

PROYECTO

NOTAS

TEMAS A ESTUDIAR
- [ ]
- [ ]
- [ ]
- [ ]
- [ ]
- [ ]
- [ ]
- [ ]
- [ ]
- [ ]

NO OLVIDAR...

Hoy va a ser
Mí día

FECHA

HORARIO

HORA	ACTIVIDAD

Frase motivadora

PROYECTO

NOTAS

TEMAS A ESTUDIAR
- ☐
- ☐
- ☐
- ☐
- ☐
- ☐
- ☐
- ☐
- ☐
- ☐
- ☐

NO OLVIDAR...

Hoy va a ser Mi día

FECHA

Frase motivadora

HORARIO

HORA	ACTIVIDAD

PROYECTO

NOTAS

TEMAS A ESTUDIAR
- ☐
- ☐
- ☐
- ☐
- ☐
- ☐
- ☐
- ☐
- ☐
- ☐

NO OLVIDAR...

Hoy va a ser
Mi día

FECHA

Frase motivadora

PROYECTO

HORARIO

HORA	ACTIVIDAD

NOTAS

TEMAS A ESTUDIAR
- ☐
- ☐
- ☐
- ☐
- ☐
- ☐
- ☐
- ☐
- ☐
- ☐

NO OLVIDAR...

Hoy va a ser Mi día

FECHA

Frase motivadora

HORARIO

HORA	ACTIVIDAD

PROYECTO

NOTAS

TEMAS A ESTUDIAR
- ☐
- ☐
- ☐
- ☐
- ☐
- ☐
- ☐
- ☐
- ☐
- ☐

NO OLVIDAR...

Hoy va a ser
Mi día

FECHA

HORARIO

HORA	ACTIVIDAD

Frase motivadora

PROYECTO

NOTAS

TEMAS A ESTUDIAR
- ☐
- ☐
- ☐
- ☐
- ☐
- ☐
- ☐
- ☐
- ☐
- ☐

NO OLVIDAR...

Hoy va a ser
Mi día

FECHA

HORARIO

HORA	ACTIVIDAD

Frase motivadora

PROYECTO

NOTAS

TEMAS A ESTUDIAR
- ☐
- ☐
- ☐
- ☐
- ☐
- ☐
- ☐
- ☐
- ☐
- ☐

NO OLVIDAR...

Hoy va a ser
Mí día

FECHA

Frase motivadora

PROYECTO

HORARIO

HORA	ACTIVIDAD

NOTAS

TEMAS A ESTUDIAR
- ☐
- ☐
- ☐
- ☐
- ☐
- ☐
- ☐
- ☐
- ☐
- ☐

NO OLVIDAR...

Hoy va a ser Mi día

FECHA

Frase motivadora

PROYECTO

HORARIO

HORA	ACTIVIDAD

NOTAS

TEMAS A ESTUDIAR
- ☐
- ☐
- ☐
- ☐
- ☐
- ☐
- ☐
- ☐
- ☐
- ☐

NO OLVIDAR...

Hoy va a ser
Mi día

FECHA

HORARIO

HORA	ACTIVIDAD

Frase motivadora

PROYECTO

NOTAS

TEMAS A ESTUDIAR
- ☐
- ☐
- ☐
- ☐
- ☐
- ☐
- ☐
- ☐
- ☐
- ☐

NO OLVIDAR...

Hoy va a ser
Mi día

FECHA

Frase motivadora

HORARIO

HORA	ACTIVIDAD

PROYECTO

NOTAS

TEMAS A ESTUDIAR
- ☐
- ☐
- ☐
- ☐
- ☐
- ☐
- ☐
- ☐
- ☐
- ☐

NO OLVIDAR...

Hoy va a ser Mi día

FECHA

Frase motivadora

PROYECTO

HORARIO

HORA	ACTIVIDAD

NOTAS

TEMAS A ESTUDIAR
- ☐
- ☐
- ☐
- ☐
- ☐
- ☐
- ☐
- ☐
- ☐
- ☐

NO OLVIDAR...

Hoy va a ser Mi día

FECHA

Frase motivadora

PROYECTO

HORARIO

HORA	ACTIVIDAD

NOTAS

TEMAS A ESTUDIAR
- [ ]
- [ ]
- [ ]
- [ ]
- [ ]
- [ ]
- [ ]
- [ ]
- [ ]
- [ ]

NO OLVIDAR...

Hoy va a ser
Mi día

FECHA

HORARIO

HORA	ACTIVIDAD

Frase motivadora

PROYECTO

NOTAS

TEMAS A ESTUDIAR
- ☐
- ☐
- ☐
- ☐
- ☐
- ☐
- ☐
- ☐
- ☐
- ☐

NO OLVIDAR...

Hoy va a ser

Mi día

FECHA

Frase motivadora

PROYECTO

HORARIO

HORA	ACTIVIDAD

NOTAS

TEMAS A ESTUDIAR
- ☐
- ☐
- ☐
- ☐
- ☐
- ☐
- ☐
- ☐
- ☐
- ☐

NO OLVIDAR...

Hoy va a ser
Mí día

FECHA

HORARIO

HORA	ACTIVIDAD

Frase motivadora

PROYECTO

NOTAS

TEMAS A ESTUDIAR
- ☐
- ☐
- ☐
- ☐
- ☐
- ☐
- ☐
- ☐
- ☐
- ☐
- ☐

NO OLVIDAR...

Hoy va a ser
Mí día

FECHA

HORARIO

HORA	ACTIVIDAD

Frase motivadora

PROYECTO

NOTAS

TEMAS A ESTUDIAR
- ☐
- ☐
- ☐
- ☐
- ☐
- ☐
- ☐
- ☐
- ☐
- ☐
- ☐

NO OLVIDAR...

Hoy va a ser **Mi día**

FECHA

Frase motivadora

PROYECTO

HORARIO

HORA	ACTIVIDAD

NOTAS

TEMAS A ESTUDIAR
- ☐
- ☐
- ☐
- ☐
- ☐
- ☐
- ☐
- ☐
- ☐
- ☐

NO OLVIDAR...

Hoy va a ser Mí día

FECHA

HORARIO

HORA	ACTIVIDAD

Frase motivadora

PROYECTO

NOTAS

TEMAS A ESTUDIAR
- ☐
- ☐
- ☐
- ☐
- ☐
- ☐
- ☐
- ☐
- ☐
- ☐

NO OLVIDAR...

Hoy va a ser
Mi día

FECHA

HORARIO

HORA	ACTIVIDAD

Frase motivadora

PROYECTO

NOTAS

TEMAS A ESTUDIAR
- ☐
- ☐
- ☐
- ☐
- ☐
- ☐
- ☐
- ☐
- ☐
- ☐

NO OLVIDAR...

Hoy va a ser Mí día

FECHA

HORARIO

HORA	ACTIVIDAD

Frase motivadora

PROYECTO

NOTAS

TEMAS A ESTUDIAR
- ☐
- ☐
- ☐
- ☐
- ☐
- ☐
- ☐
- ☐
- ☐
- ☐

NO OLVIDAR...

Hoy va a ser

Mi día

FECHA

Frase motivadora

HORARIO

HORA	ACTIVIDAD

PROYECTO

NOTAS

TEMAS A ESTUDIAR
- ☐
- ☐
- ☐
- ☐
- ☐
- ☐
- ☐
- ☐
- ☐
- ☐
- ☐

NO OLVIDAR...

Hoy va a ser
Mí día

FECHA

HORARIO

HORA	ACTIVIDAD

Frase motivadora

PROYECTO

NOTAS

TEMAS A ESTUDIAR
- ☐
- ☐
- ☐
- ☐
- ☐
- ☐
- ☐
- ☐
- ☐
- ☐

NO OLVIDAR...

Hoy va a ser Mí día

FECHA

HORARIO

HORA	ACTIVIDAD

Frase motivadora

PROYECTO

NOTAS

TEMAS A ESTUDIAR
- ☐
- ☐
- ☐
- ☐
- ☐
- ☐
- ☐
- ☐
- ☐
- ☐

NO OLVIDAR...

Hoy va a ser Mi día

FECHA

HORARIO

HORA	ACTIVIDAD

Frase motivadora

PROYECTO

NOTAS

TEMAS A ESTUDIAR
- ☐
- ☐
- ☐
- ☐
- ☐
- ☐
- ☐
- ☐
- ☐
- ☐

NO OLVIDAR...

Hoy va a ser
Mí día

FECHA

Frase motivadora

HORARIO

HORA	ACTIVIDAD

PROYECTO

NOTAS

TEMAS A ESTUDIAR
- ☐
- ☐
- ☐
- ☐
- ☐
- ☐
- ☐
- ☐
- ☐
- ☐

NO OLVIDAR...

Hoy va a ser Mi día

FECHA

HORARIO

HORA	ACTIVIDAD

Frase motivadora

PROYECTO

NOTAS

TEMAS A ESTUDIAR
- ☐
- ☐
- ☐
- ☐
- ☐
- ☐
- ☐
- ☐
- ☐
- ☐

NO OLVIDAR...

Hoy va a ser Mi día

FECHA

Frase motivadora

PROYECTO

HORARIO

HORA	ACTIVIDAD

NOTAS

TEMAS A ESTUDIAR
- [ ]
- [ ]
- [ ]
- [ ]
- [ ]
- [ ]
- [ ]
- [ ]
- [ ]
- [ ]

NO OLVIDAR...

Hoy va a ser **Mí día**

FECHA

Frase motivadora

PROYECTO

HORARIO

HORA	ACTIVIDAD

NOTAS

TEMAS A ESTUDIAR
- ☐
- ☐
- ☐
- ☐
- ☐
- ☐
- ☐
- ☐
- ☐
- ☐

NO OLVIDAR...

Hoy va a ser Mi día

FECHA

HORARIO

HORA	ACTIVIDAD

Frase motivadora

PROYECTO

NOTAS

TEMAS A ESTUDIAR
- [ ]
- [ ]
- [ ]
- [ ]
- [ ]
- [ ]
- [ ]
- [ ]
- [ ]
- [ ]

NO OLVIDAR...

Hoy va a ser
Mi día

FECHA

HORARIO

HORA	ACTIVIDAD

Frase motivadora

PROYECTO

NOTAS

TEMAS A ESTUDIAR
- ☐
- ☐
- ☐
- ☐
- ☐
- ☐
- ☐
- ☐
- ☐
- ☐

NO OLVIDAR...

Hoy va a ser
Mi día

FECHA

HORARIO

HORA	ACTIVIDAD

Frase motivadora

PROYECTO

NOTAS

TEMAS A ESTUDIAR
- ☐
- ☐
- ☐
- ☐
- ☐
- ☐
- ☐
- ☐
- ☐
- ☐

NO OLVIDAR...

Hoy va a ser

Mi día

FECHA

HORARIO

HORA	ACTIVIDAD

Frase motivadora

PROYECTO

NOTAS

TEMAS A ESTUDIAR
- ☐
- ☐
- ☐
- ☐
- ☐
- ☐
- ☐
- ☐
- ☐
- ☐

NO OLVIDAR...

Hoy va a ser Mí día

FECHA

Frase motivadora

HORARIO

HORA	ACTIVIDAD

PROYECTO

NOTAS

TEMAS A ESTUDIAR
- ☐
- ☐
- ☐
- ☐
- ☐
- ☐
- ☐
- ☐
- ☐
- ☐

NO OLVIDAR...

Hoy va a ser Mí día

Frase motivadora

FECHA

PROYECTO

HORARIO

HORA	ACTIVIDAD

NOTAS

TEMAS A ESTUDIAR
- ☐
- ☐
- ☐
- ☐
- ☐
- ☐
- ☐
- ☐
- ☐
- ☐

NO OLVIDAR...

Hoy va a ser Mí día

FECHA

Frase motivadora

PROYECTO

HORARIO

HORA	ACTIVIDAD

NOTAS

TEMAS A ESTUDIAR
- ☐
- ☐
- ☐
- ☐
- ☐
- ☐
- ☐
- ☐
- ☐
- ☐

NO OLVIDAR...

Hoy va a ser
Mi día

FECHA

HORARIO

HORA	ACTIVIDAD

Frase motivadora

PROYECTO

NOTAS

TEMAS A ESTUDIAR
- ☐
- ☐
- ☐
- ☐
- ☐
- ☐
- ☐
- ☐
- ☐
- ☐

NO OLVIDAR...

Hoy va a ser **Mi día**

FECHA

Frase motivadora

PROYECTO

HORARIO

HORA	ACTIVIDAD

NOTAS

TEMAS A ESTUDIAR
- ☐
- ☐
- ☐
- ☐
- ☐
- ☐
- ☐
- ☐
- ☐
- ☐

NO OLVIDAR...

Hoy va a ser Mi día

FECHA

Frase motivadora

PROYECTO

HORARIO

HORA	ACTIVIDAD

NOTAS

TEMAS A ESTUDIAR
- ☐
- ☐
- ☐
- ☐
- ☐
- ☐
- ☐
- ☐
- ☐
- ☐

NO OLVIDAR...

Hoy va a ser **Mí día**

Frase motivadora

FECHA

PROYECTO

HORARIO

HORA	ACTIVIDAD

NOTAS

TEMAS A ESTUDIAR
- ☐
- ☐
- ☐
- ☐
- ☐
- ☐
- ☐
- ☐
- ☐
- ☐

NO OLVIDAR...

Hoy va a ser
Mi día

FECHA

HORARIO

HORA	ACTIVIDAD

Frase motivadora

PROYECTO

NOTAS

TEMAS A ESTUDIAR
- ☐
- ☐
- ☐
- ☐
- ☐
- ☐
- ☐
- ☐
- ☐
- ☐

NO OLVIDAR...

Hoy va a ser Mí día

FECHA

Frase motivadora

PROYECTO

HORARIO

HORA	ACTIVIDAD

NOTAS

TEMAS A ESTUDIAR
- ☐
- ☐
- ☐
- ☐
- ☐
- ☐
- ☐
- ☐
- ☐
- ☐

NO OLVIDAR...

Hoy va a ser Mí día

FECHA

Frase motivadora

PROYECTO

HORARIO

HORA	ACTIVIDAD

NOTAS

TEMAS A ESTUDIAR
- ☐
- ☐
- ☐
- ☐
- ☐
- ☐
- ☐
- ☐
- ☐
- ☐
- ☐

NO OLVIDAR...

Hoy va a ser
Mi día

FECHA

Frase motivadora

PROYECTO

HORARIO

HORA	ACTIVIDAD

NOTAS

TEMAS A ESTUDIAR
- ☐
- ☐
- ☐
- ☐
- ☐
- ☐
- ☐
- ☐
- ☐
- ☐

NO OLVIDAR...

Hoy va a ser
Mi día

FECHA

HORARIO

Frase motivadora

PROYECTO

HORA	ACTIVIDAD

NOTAS

TEMAS A ESTUDIAR
- ☐
- ☐
- ☐
- ☐
- ☐
- ☐
- ☐
- ☐
- ☐
- ☐

NO OLVIDAR...

Hoy va a ser

Mi día

FECHA

HORARIO

HORA	ACTIVIDAD

Frase motivadora

PROYECTO

NOTAS

TEMAS A ESTUDIAR
- ☐
- ☐
- ☐
- ☐
- ☐
- ☐
- ☐
- ☐
- ☐
- ☐

NO OLVIDAR...

Hoy va a ser

Mi día

FECHA

HORARIO

HORA	ACTIVIDAD

Frase motivadora

PROYECTO

NOTAS

TEMAS A ESTUDIAR
- [ ]
- [ ]
- [ ]
- [ ]
- [ ]
- [ ]
- [ ]
- [ ]
- [ ]
- [ ]
- [ ]

NO OLVIDAR...

Hoy va a ser Mí día

FECHA

HORARIO

HORA	ACTIVIDAD

Frase motivadora

PROYECTO

NOTAS

TEMAS A ESTUDIAR
- [ ]
- [ ]
- [ ]
- [ ]
- [ ]
- [ ]
- [ ]
- [ ]
- [ ]
- [ ]

NO OLVIDAR...

Hoy va a ser Mí día

FECHA

Frase motivadora

HORARIO

HORA	ACTIVIDAD

PROYECTO

NOTAS

TEMAS A ESTUDIAR
- ☐
- ☐
- ☐
- ☐
- ☐
- ☐
- ☐
- ☐
- ☐
- ☐

NO OLVIDAR...

Hoy va a ser Mí día

FECHA

Frase motivadora

PROYECTO

HORARIO

HORA	ACTIVIDAD

NOTAS

TEMAS A ESTUDIAR
- ☐
- ☐
- ☐
- ☐
- ☐
- ☐
- ☐
- ☐
- ☐
- ☐

NO OLVIDAR...

Hoy va a ser
Mi día

FECHA

HORARIO

HORA	ACTIVIDAD

Frase motivadora

PROYECTO

NOTAS

TEMAS A ESTUDIAR
- ☐
- ☐
- ☐
- ☐
- ☐
- ☐
- ☐
- ☐
- ☐
- ☐

NO OLVIDAR...

Hoy va a ser

Mi día

FECHA

HORARIO

HORA	ACTIVIDAD

Frase motivadora

PROYECTO

NOTAS

TEMAS A ESTUDIAR
- ☐
- ☐
- ☐
- ☐
- ☐
- ☐
- ☐
- ☐
- ☐
- ☐

NO OLVIDAR...

Hoy va a ser
Mi día

FECHA

Frase motivadora

PROYECTO

HORARIO

HORA	ACTIVIDAD

NOTAS

TEMAS A ESTUDIAR
- ☐
- ☐
- ☐
- ☐
- ☐
- ☐
- ☐
- ☐
- ☐
- ☐

NO OLVIDAR...

Hoy va a ser **Mí día**

Frase motivadora

FECHA

HORARIO

HORA	ACTIVIDAD

PROYECTO

NOTAS

TEMAS A ESTUDIAR
- ☐
- ☐
- ☐
- ☐
- ☐
- ☐
- ☐
- ☐
- ☐
- ☐

NO OLVIDAR...

Hoy va a ser
Mi día

FECHA

Frase motivadora

HORARIO

HORA	ACTIVIDAD

PROYECTO

NOTAS

TEMAS A ESTUDIAR
- ☐
- ☐
- ☐
- ☐
- ☐
- ☐
- ☐
- ☐
- ☐
- ☐

NO OLVIDAR...

Hoy va a ser
Mi día

FECHA

HORARIO

HORA	ACTIVIDAD

Frase motivadora

PROYECTO

NOTAS

TEMAS A ESTUDIAR
- ☐
- ☐
- ☐
- ☐
- ☐
- ☐
- ☐
- ☐
- ☐
- ☐

NO OLVIDAR...

Hoy va a ser Mí día

FECHA

HORARIO

HORA	ACTIVIDAD

Frase motivadora

PROYECTO

NOTAS

TEMAS A ESTUDIAR
- [ ]
- [ ]
- [ ]
- [ ]
- [ ]
- [ ]
- [ ]
- [ ]
- [ ]
- [ ]

NO OLVIDAR...

Hoy va a ser

Mi día

FECHA

HORARIO

HORA	ACTIVIDAD

Frase motivadora

PROYECTO

NOTAS

TEMAS A ESTUDIAR

- ☐
- ☐
- ☐
- ☐
- ☐
- ☐
- ☐
- ☐
- ☐
- ☐

NO OLVIDAR...

Hoy va a ser **Mí día**

FECHA

Frase motivadora

PROYECTO

HORARIO

HORA	ACTIVIDAD

NOTAS

TEMAS A ESTUDIAR
- ☐
- ☐
- ☐
- ☐
- ☐
- ☐
- ☐
- ☐
- ☐
- ☐

NO OLVIDAR...

Hoy va a ser *Mi día*

FECHA

HORARIO

HORA	ACTIVIDAD

Frase motivadora

PROYECTO

NOTAS

TEMAS A ESTUDIAR
- [ ]
- [ ]
- [ ]
- [ ]
- [ ]
- [ ]
- [ ]
- [ ]
- [ ]
- [ ]
- [ ]

NO OLVIDAR...

Hoy va a ser Mí día

FECHA

HORARIO

HORA	ACTIVIDAD

Frase motivadora

PROYECTO

NOTAS

TEMAS A ESTUDIAR
- ☐
- ☐
- ☐
- ☐
- ☐
- ☐
- ☐
- ☐
- ☐
- ☐

NO OLVIDAR...

Hoy va a ser
Mi día

FECHA

Frase motivadora

PROYECTO

HORARIO

HORA	ACTIVIDAD

NOTAS

TEMAS A ESTUDIAR
- ☐
- ☐
- ☐
- ☐
- ☐
- ☐
- ☐
- ☐
- ☐
- ☐

NO OLVIDAR...

Hoy va a ser
Mí día

FECHA

HORARIO

HORA	ACTIVIDAD

Frase motivadora

PROYECTO

NOTAS

TEMAS A ESTUDIAR
- ☐
- ☐
- ☐
- ☐
- ☐
- ☐
- ☐
- ☐
- ☐
- ☐

NO OLVIDAR...

Hoy va a ser
Mí día

FECHA

HORARIO

HORA	ACTIVIDAD

Frase motivadora

PROYECTO

NOTAS

TEMAS A ESTUDIAR
- ☐
- ☐
- ☐
- ☐
- ☐
- ☐
- ☐
- ☐
- ☐
- ☐

NO OLVIDAR...

Hoy va a ser
Mi día

FECHA

HORARIO

HORA	ACTIVIDAD

Frase motivadora

PROYECTO

NOTAS

TEMAS A ESTUDIAR
- ☐
- ☐
- ☐
- ☐
- ☐
- ☐
- ☐
- ☐
- ☐
- ☐

NO OLVIDAR...

Hoy va a ser **Mí día**

FECHA

HORARIO

HORA	ACTIVIDAD

Frase motivadora

PROYECTO

NOTAS

TEMAS A ESTUDIAR
- ☐
- ☐
- ☐
- ☐
- ☐
- ☐
- ☐
- ☐
- ☐
- ☐
- ☐

NO OLVIDAR...

Hoy va a ser

Mi día

FECHA

HORARIO

HORA	ACTIVIDAD

Frase motivadora

PROYECTO

NOTAS

TEMAS A ESTUDIAR
- ☐
- ☐
- ☐
- ☐
- ☐
- ☐
- ☐
- ☐
- ☐
- ☐

NO OLVIDAR...

Hoy va a ser
Mi día

FECHA

HORARIO

HORA	ACTIVIDAD

Frase motivadora

PROYECTO

NOTAS

TEMAS A ESTUDIAR
- ☐
- ☐
- ☐
- ☐
- ☐
- ☐
- ☐
- ☐
- ☐
- ☐

NO OLVIDAR...

Hoy va a ser Mi día

FECHA

HORARIO

HORA	ACTIVIDAD

Frase motivadora

PROYECTO

NOTAS

TEMAS A ESTUDIAR
- ☐
- ☐
- ☐
- ☐
- ☐
- ☐
- ☐
- ☐
- ☐
- ☐

NO OLVIDAR...

Hoy va a ser
Mi día

FECHA

Frase motivadora

PROYECTO

HORARIO

HORA	ACTIVIDAD

NOTAS

TEMAS A ESTUDIAR
- ☐
- ☐
- ☐
- ☐
- ☐
- ☐
- ☐
- ☐
- ☐
- ☐

NO OLVIDAR...

Hoy va a ser Mí día

FECHA

Frase motivadora

PROYECTO

HORARIO

HORA	ACTIVIDAD

NOTAS

TEMAS A ESTUDIAR
- [ ]
- [ ]
- [ ]
- [ ]
- [ ]
- [ ]
- [ ]
- [ ]
- [ ]
- [ ]

NO OLVIDAR...

Hoy va a ser Mí día

FECHA

HORARIO

HORA	ACTIVIDAD

Frase motivadora

PROYECTO

NOTAS

TEMAS A ESTUDIAR
- [ ]
- [ ]
- [ ]
- [ ]
- [ ]
- [ ]
- [ ]
- [ ]
- [ ]
- [ ]

NO OLVIDAR...

Hoy va a ser Mi día

FECHA

HORARIO

HORA	ACTIVIDAD

Frase motivadora

PROYECTO

NOTAS

TEMAS A ESTUDIAR
- [ ]
- [ ]
- [ ]
- [ ]
- [ ]
- [ ]
- [ ]
- [ ]
- [ ]
- [ ]

NO OLVIDAR...

Hoy va a ser Mí día

FECHA

Frase motivadora

PROYECTO

HORARIO

HORA	ACTIVIDAD

NOTAS

TEMAS A ESTUDIAR
- [ ]
- [ ]
- [ ]
- [ ]
- [ ]
- [ ]
- [ ]
- [ ]
- [ ]
- [ ]

NO OLVIDAR...

Hoy va a ser
Mi día

FECHA

HORARIO

HORA	ACTIVIDAD

Frase motivadora

PROYECTO

NOTAS

TEMAS A ESTUDIAR
- ☐
- ☐
- ☐
- ☐
- ☐
- ☐
- ☐
- ☐
- ☐
- ☐

NO OLVIDAR...

Hoy va a ser **Mí día**

FECHA

Frase motivadora

PROYECTO

HORARIO

HORA	ACTIVIDAD

NOTAS

TEMAS A ESTUDIAR
- ☐
- ☐
- ☐
- ☐
- ☐
- ☐
- ☐
- ☐
- ☐
- ☐

NO OLVIDAR...

Hoy va a ser Mí día

FECHA

Frase motivadora

PROYECTO

HORARIO

HORA	ACTIVIDAD

NOTAS

TEMAS A ESTUDIAR
- [ ]
- [ ]
- [ ]
- [ ]
- [ ]
- [ ]
- [ ]
- [ ]
- [ ]
- [ ]

NO OLVIDAR...

Hoy va a ser **Mí día**

FECHA

Frase motivadora

PROYECTO

HORARIO

HORA	ACTIVIDAD

NOTAS

TEMAS A ESTUDIAR
- ☐
- ☐
- ☐
- ☐
- ☐
- ☐
- ☐
- ☐
- ☐
- ☐
- ☐

NO OLVIDAR...

Hoy va a ser Mí día

FECHA

Frase motivadora

HORARIO

HORA	ACTIVIDAD

PROYECTO

NOTAS

TEMAS A ESTUDIAR
- [ ]
- [ ]
- [ ]
- [ ]
- [ ]
- [ ]
- [ ]
- [ ]
- [ ]
- [ ]

NO OLVIDAR...

Hoy va a ser Mí día

FECHA

HORARIO

HORA	ACTIVIDAD

Frase motivadora

PROYECTO

NOTAS

TEMAS A ESTUDIAR
- ☐
- ☐
- ☐
- ☐
- ☐
- ☐
- ☐
- ☐
- ☐
- ☐

NO OLVIDAR...

Hoy va a ser Mí día

FECHA

Frase motivadora

PROYECTO

HORARIO

HORA	ACTIVIDAD

NOTAS

TEMAS A ESTUDIAR
- ☐
- ☐
- ☐
- ☐
- ☐
- ☐
- ☐
- ☐
- ☐
- ☐

NO OLVIDAR...

Hoy va a ser Mí día

FECHA

HORARIO

HORA	ACTIVIDAD

Frase motivadora

PROYECTO

NOTAS

TEMAS A ESTUDIAR
- ☐
- ☐
- ☐
- ☐
- ☐
- ☐
- ☐
- ☐
- ☐
- ☐

NO OLVIDAR...

Hoy va a ser
Mí día

FECHA _____

HORARIO

HORA	ACTIVIDAD

Frase motivadora

PROYECTO

NOTAS

TEMAS A ESTUDIAR
- ☐
- ☐
- ☐
- ☐
- ☐
- ☐
- ☐
- ☐
- ☐
- ☐

NO OLVIDAR...

Hoy va a ser **Mí día**

FECHA

HORARIO

HORA	ACTIVIDAD

Frase motivadora

PROYECTO

NOTAS

TEMAS A ESTUDIAR
- ☐
- ☐
- ☐
- ☐
- ☐
- ☐
- ☐
- ☐
- ☐
- ☐

NO OLVIDAR...

Hoy va a ser Mi día

FECHA

Frase motivadora

PROYECTO

HORARIO

HORA	ACTIVIDAD

NOTAS

TEMAS A ESTUDIAR
- ☐
- ☐
- ☐
- ☐
- ☐
- ☐
- ☐
- ☐
- ☐
- ☐

NO OLVIDAR...

Hoy va a ser
Mi día

FECHA

HORARIO

HORA	ACTIVIDAD

Frase motivadora

PROYECTO

NOTAS

TEMAS A ESTUDIAR
- ☐
- ☐
- ☐
- ☐
- ☐
- ☐
- ☐
- ☐
- ☐
- ☐

NO OLVIDAR...

Hoy va a ser Mí día

FECHA

HORARIO

HORA	ACTIVIDAD

Frase motivadora

PROYECTO

NOTAS

TEMAS A ESTUDIAR
- ☐
- ☐
- ☐
- ☐
- ☐
- ☐
- ☐
- ☐
- ☐
- ☐
- ☐

NO OLVIDAR...

Hoy va a ser
Mi día

FECHA

HORARIO

HORA	ACTIVIDAD

Frase motivadora

PROYECTO

NOTAS

TEMAS A ESTUDIAR
- ☐
- ☐
- ☐
- ☐
- ☐
- ☐
- ☐
- ☐
- ☐
- ☐

NO OLVIDAR...

Hoy va a ser **Mí día**

Frase motivadora

FECHA

PROYECTO

HORARIO

HORA	ACTIVIDAD

NOTAS

TEMAS A ESTUDIAR
- ☐
- ☐
- ☐
- ☐
- ☐
- ☐
- ☐
- ☐
- ☐
- ☐

NO OLVIDAR...

Hoy va a ser
Mi día

FECHA

HORARIO

HORA	ACTIVIDAD

Frase motivadora

PROYECTO

NOTAS

TEMAS A ESTUDIAR
- [ ]
- [ ]
- [ ]
- [ ]
- [ ]
- [ ]
- [ ]
- [ ]
- [ ]
- [ ]
- [ ]

NO OLVIDAR...

Hoy va a ser **Mi día**

FECHA

HORARIO

HORA	ACTIVIDAD

Frase motivadora

PROYECTO

NOTAS

TEMAS A ESTUDIAR
- ☐
- ☐
- ☐
- ☐
- ☐
- ☐
- ☐
- ☐
- ☐
- ☐
- ☐

NO OLVIDAR...

Hoy va a ser **Mí día**

FECHA

Frase motivadora

PROYECTO

NOTAS

HORARIO

HORA	ACTIVIDAD

TEMAS A ESTUDIAR
- ☐
- ☐
- ☐
- ☐
- ☐
- ☐
- ☐
- ☐
- ☐
- ☐
- ☐

NO OLVIDAR...

Hoy va a ser **Mí día**

FECHA

HORARIO

HORA	ACTIVIDAD

Frase motivadora

PROYECTO

NOTAS

TEMAS A ESTUDIAR
- ☐
- ☐
- ☐
- ☐
- ☐
- ☐
- ☐
- ☐
- ☐
- ☐

NO OLVIDAR...

Hoy va a ser
Mi día

FECHA

HORARIO

HORA	ACTIVIDAD

Frase motivadora

PROYECTO

NOTAS

TEMAS A ESTUDIAR
- ☐
- ☐
- ☐
- ☐
- ☐
- ☐
- ☐
- ☐
- ☐
- ☐
- ☐

NO OLVIDAR...

Hoy va a ser
Mí día

FECHA

Frase motivadora

HORARIO

HORA	ACTIVIDAD

PROYECTO

NOTAS

TEMAS A ESTUDIAR
- ☐
- ☐
- ☐
- ☐
- ☐
- ☐
- ☐
- ☐
- ☐
- ☐

NO OLVIDAR...

Hoy va a ser **Mí día**

FECHA

HORARIO

HORA	ACTIVIDAD

Frase motivadora

PROYECTO

NOTAS

TEMAS A ESTUDIAR
- [ ]
- [ ]
- [ ]
- [ ]
- [ ]
- [ ]
- [ ]
- [ ]
- [ ]
- [ ]

NO OLVIDAR...

Hoy va a ser Mi día

FECHA

HORARIO

HORA	ACTIVIDAD

Frase motivadora

PROYECTO

NOTAS

TEMAS A ESTUDIAR
- ☐
- ☐
- ☐
- ☐
- ☐
- ☐
- ☐
- ☐
- ☐
- ☐

NO OLVIDAR...

Hoy va a ser Mi día

FECHA

Frase motivadora

PROYECTO

HORARIO

HORA	ACTIVIDAD

NOTAS

TEMAS A ESTUDIAR
- ☐
- ☐
- ☐
- ☐
- ☐
- ☐
- ☐
- ☐
- ☐
- ☐

NO OLVIDAR...

Hoy va a ser **Mi día**

FECHA

Frase motivadora

PROYECTO

HORARIO

HORA	ACTIVIDAD

NOTAS

TEMAS A ESTUDIAR
- ☐
- ☐
- ☐
- ☐
- ☐
- ☐
- ☐
- ☐
- ☐
- ☐

NO OLVIDAR...

Hoy va a ser
Mi día

FECHA

HORARIO

HORA	ACTIVIDAD

Frase motivadora

PROYECTO

NOTAS

TEMAS A ESTUDIAR
- [ ]
- [ ]
- [ ]
- [ ]
- [ ]
- [ ]
- [ ]
- [ ]
- [ ]
- [ ]

NO OLVIDAR...

Hoy va a ser Mí día

FECHA

Frase motivadora

PROYECTO

HORARIO

HORA	ACTIVIDAD

NOTAS

TEMAS A ESTUDIAR
- [ ]
- [ ]
- [ ]
- [ ]
- [ ]
- [ ]
- [ ]
- [ ]
- [ ]
- [ ]

NO OLVIDAR...

Hoy va a ser Mí día

FECHA

Frase motivadora

PROYECTO

HORARIO

HORA	ACTIVIDAD

NOTAS

TEMAS A ESTUDIAR
- ☐
- ☐
- ☐
- ☐
- ☐
- ☐
- ☐
- ☐
- ☐
- ☐
- ☐

NO OLVIDAR...

Hoy va a ser

Mi día

FECHA

HORARIO

HORA	ACTIVIDAD

Frase motivadora

PROYECTO

NOTAS

TEMAS A ESTUDIAR
- ☐
- ☐
- ☐
- ☐
- ☐
- ☐
- ☐
- ☐
- ☐
- ☐

NO OLVIDAR...

Hoy va a ser Mi día

FECHA

HORARIO

HORA	ACTIVIDAD

Frase motivadora

PROYECTO

NOTAS

TEMAS A ESTUDIAR
- ☐
- ☐
- ☐
- ☐
- ☐
- ☐
- ☐
- ☐
- ☐
- ☐

NO OLVIDAR...

Hoy va a ser
Mi día

FECHA

HORARIO

HORA	ACTIVIDAD

Frase motivadora

PROYECTO

NOTAS

TEMAS A ESTUDIAR
- ☐
- ☐
- ☐
- ☐
- ☐
- ☐
- ☐
- ☐
- ☐
- ☐

NO OLVIDAR...

Hoy va a ser

Mi día

FECHA

Frase motivadora

PROYECTO

HORARIO

HORA	ACTIVIDAD

NOTAS

TEMAS A ESTUDIAR
- ☐
- ☐
- ☐
- ☐
- ☐
- ☐
- ☐
- ☐
- ☐
- ☐

NO OLVIDAR...

Hoy va a ser
Mí día

FECHA

HORARIO

HORA	ACTIVIDAD

Frase motivadora

PROYECTO

NOTAS

TEMAS A ESTUDIAR
- ☐
- ☐
- ☐
- ☐
- ☐
- ☐
- ☐
- ☐
- ☐
- ☐

NO OLVIDAR...

Hoy va a ser Mi día

FECHA

HORARIO

HORA	ACTIVIDAD

Frase motivadora

PROYECTO

NOTAS

TEMAS A ESTUDIAR
- ☐
- ☐
- ☐
- ☐
- ☐
- ☐
- ☐
- ☐
- ☐
- ☐

NO OLVIDAR...

Hoy va a ser Mí día

FECHA

Frase motivadora

PROYECTO

HORARIO

HORA	ACTIVIDAD

NOTAS

TEMAS A ESTUDIAR
- ☐
- ☐
- ☐
- ☐
- ☐
- ☐
- ☐
- ☐
- ☐
- ☐

NO OLVIDAR...

Hoy va a ser
Mi día

FECHA

HORARIO

HORA	ACTIVIDAD

Frase motivadora

PROYECTO

NOTAS

TEMAS A ESTUDIAR
- [ ]
- [ ]
- [ ]
- [ ]
- [ ]
- [ ]
- [ ]
- [ ]
- [ ]
- [ ]

NO OLVIDAR...

Hoy va a ser
Mi día
FECHA

HORARIO

HORA	ACTIVIDAD

Frase motivadora

PROYECTO

NOTAS

TEMAS A ESTUDIAR
- ☐
- ☐
- ☐
- ☐
- ☐
- ☐
- ☐
- ☐
- ☐
- ☐

NO OLVIDAR...

Hoy va a ser **Mi día**

FECHA

Frase motivadora

PROYECTO

HORARIO

HORA	ACTIVIDAD

NOTAS

TEMAS A ESTUDIAR
- ☐
- ☐
- ☐
- ☐
- ☐
- ☐
- ☐
- ☐
- ☐
- ☐

NO OLVIDAR...

Hoy va a ser Mi día

FECHA

Frase motivadora

PROYECTO

HORARIO

HORA	ACTIVIDAD

NOTAS

TEMAS A ESTUDIAR
- [ ]
- [ ]
- [ ]
- [ ]
- [ ]
- [ ]
- [ ]
- [ ]
- [ ]
- [ ]

NO OLVIDAR...

Hoy va a ser
Mi día

FECHA

HORARIO

HORA	ACTIVIDAD

Frase motivadora

PROYECTO

NOTAS

TEMAS A ESTUDIAR
- ☐
- ☐
- ☐
- ☐
- ☐
- ☐
- ☐
- ☐
- ☐
- ☐

NO OLVIDAR...

Hoy va a ser
Mi día

FECHA

HORARIO

HORA	ACTIVIDAD

Frase motivadora

PROYECTO

NOTAS

TEMAS A ESTUDIAR
- ☐
- ☐
- ☐
- ☐
- ☐
- ☐
- ☐
- ☐
- ☐
- ☐

NO OLVIDAR...

Hoy va a ser
Mi día

FECHA

Frase motivadora

HORARIO

HORA	ACTIVIDAD

PROYECTO

NOTAS

TEMAS A ESTUDIAR
- ☐
- ☐
- ☐
- ☐
- ☐
- ☐
- ☐
- ☐
- ☐
- ☐

NO OLVIDAR...

Hoy va a ser Mí día

FECHA

Frase motivadora

PROYECTO

HORARIO

HORA	ACTIVIDAD

NOTAS

TEMAS A ESTUDIAR
- ☐
- ☐
- ☐
- ☐
- ☐
- ☐
- ☐
- ☐
- ☐
- ☐

NO OLVIDAR...

Hoy va a ser

Mi día

FECHA

HORARIO

HORA	ACTIVIDAD

Frase motivadora

PROYECTO

NOTAS

TEMAS A ESTUDIAR
- ☐
- ☐
- ☐
- ☐
- ☐
- ☐
- ☐
- ☐
- ☐
- ☐
- ☐

NO OLVIDAR...

Hoy va a ser
Mi día

FECHA

HORARIO

HORA	ACTIVIDAD

Frase motivadora

PROYECTO

NOTAS

TEMAS A ESTUDIAR
- ☐
- ☐
- ☐
- ☐
- ☐
- ☐
- ☐
- ☐
- ☐
- ☐

NO OLVIDAR...

Hoy va a ser
Mi día

FECHA

HORARIO

HORA	ACTIVIDAD

Frase motivadora

PROYECTO

NOTAS

TEMAS A ESTUDIAR
- ☐
- ☐
- ☐
- ☐
- ☐
- ☐
- ☐
- ☐
- ☐
- ☐

NO OLVIDAR...

Hoy va a ser Mí día

FECHA

HORARIO

HORA	ACTIVIDAD

Frase motivadora

PROYECTO

NOTAS

TEMAS A ESTUDIAR
- ☐
- ☐
- ☐
- ☐
- ☐
- ☐
- ☐
- ☐
- ☐
- ☐

NO OLVIDAR...

Hoy va a ser Mi día

FECHA

Frase motivadora

PROYECTO

HORARIO

HORA	ACTIVIDAD

NOTAS

TEMAS A ESTUDIAR
- [ ]
- [ ]
- [ ]
- [ ]
- [ ]
- [ ]
- [ ]
- [ ]
- [ ]
- [ ]
- [ ]

NO OLVIDAR...

Hoy va a ser Mi día

FECHA

Frase motivadora

HORARIO

HORA	ACTIVIDAD

PROYECTO

NOTAS

TEMAS A ESTUDIAR
- [ ]
- [ ]
- [ ]
- [ ]
- [ ]
- [ ]
- [ ]
- [ ]
- [ ]
- [ ]

NO OLVIDAR...

Hoy va a ser Mí día

FECHA _____

HORARIO

HORA	ACTIVIDAD

Frase motivadora

PROYECTO

NOTAS

TEMAS A ESTUDIAR
- ☐
- ☐
- ☐
- ☐
- ☐
- ☐
- ☐
- ☐
- ☐
- ☐

NO OLVIDAR...

Hoy va a ser Mi día

FECHA

Frase motivadora

PROYECTO

HORARIO

HORA	ACTIVIDAD

NOTAS

TEMAS A ESTUDIAR
- [ ]
- [ ]
- [ ]
- [ ]
- [ ]
- [ ]
- [ ]
- [ ]
- [ ]
- [ ]

NO OLVIDAR...

Hoy va a ser Mí día

FECHA

HORARIO

HORA	ACTIVIDAD

Frase motivadora

PROYECTO

NOTAS

TEMAS A ESTUDIAR
- ☐
- ☐
- ☐
- ☐
- ☐
- ☐
- ☐
- ☐
- ☐
- ☐

NO OLVIDAR...

Hoy va a ser **Mí día**

FECHA

Frase motivadora

PROYECTO

HORARIO

HORA	ACTIVIDAD

NOTAS

TEMAS A ESTUDIAR
- ☐
- ☐
- ☐
- ☐
- ☐
- ☐
- ☐
- ☐
- ☐
- ☐

NO OLVIDAR...

Hoy va a ser **Mí día**

Frase motivadora

FECHA

PROYECTO

HORARIO

HORA	ACTIVIDAD

NOTAS

TEMAS A ESTUDIAR
- ☐
- ☐
- ☐
- ☐
- ☐
- ☐
- ☐
- ☐
- ☐
- ☐

NO OLVIDAR...

Hoy va a ser
Mi día

FECHA

HORARIO

HORA	ACTIVIDAD

Frase motivadora

PROYECTO

NOTAS

TEMAS A ESTUDIAR
- ☐
- ☐
- ☐
- ☐
- ☐
- ☐
- ☐
- ☐
- ☐
- ☐

NO OLVIDAR...

Hoy va a ser
Mi día

FECHA

HORARIO

HORA	ACTIVIDAD

Frase motivadora

PROYECTO

NOTAS

TEMAS A ESTUDIAR
- ☐
- ☐
- ☐
- ☐
- ☐
- ☐
- ☐
- ☐
- ☐
- ☐
- ☐

NO OLVIDAR...

Hoy va a ser **Mi día**

FECHA

Frase motivadora

PROYECTO

HORARIO

HORA	ACTIVIDAD

NOTAS

TEMAS A ESTUDIAR
- ☐
- ☐
- ☐
- ☐
- ☐
- ☐
- ☐
- ☐
- ☐
- ☐

NO OLVIDAR...

Hoy va a ser Mí día

FECHA

HORARIO

HORA	ACTIVIDAD

Frase motivadora

PROYECTO

NOTAS

TEMAS A ESTUDIAR
- ☐
- ☐
- ☐
- ☐
- ☐
- ☐
- ☐
- ☐
- ☐
- ☐
- ☐

NO OLVIDAR...

Hoy va a ser
Mi día

FECHA

HORARIO

HORA	ACTIVIDAD

Frase motivadora

PROYECTO

NOTAS

TEMAS A ESTUDIAR
- ☐
- ☐
- ☐
- ☐
- ☐
- ☐
- ☐
- ☐
- ☐
- ☐

NO OLVIDAR...

Hoy va a ser
Mi día

FECHA

HORARIO

HORA	ACTIVIDAD

Frase motivadora

PROYECTO

NOTAS

TEMAS A ESTUDIAR
- ☐
- ☐
- ☐
- ☐
- ☐
- ☐
- ☐
- ☐
- ☐
- ☐

NO OLVIDAR...

Hoy va a ser Mi día

FECHA

Frase motivadora

PROYECTO

HORARIO

HORA	ACTIVIDAD

NOTAS

TEMAS A ESTUDIAR
- ☐
- ☐
- ☐
- ☐
- ☐
- ☐
- ☐
- ☐
- ☐
- ☐

NO OLVIDAR...

Hoy va a ser Mí día

FECHA

HORARIO

HORA	ACTIVIDAD

Frase motivadora

PROYECTO

NOTAS

TEMAS A ESTUDIAR
- ☐
- ☐
- ☐
- ☐
- ☐
- ☐
- ☐
- ☐
- ☐
- ☐
- ☐

NO OLVIDAR...

Hoy va a ser Mí día

FECHA

Frase motivadora

PROYECTO

HORARIO

HORA	ACTIVIDAD

NOTAS

TEMAS A ESTUDIAR
- ☐
- ☐
- ☐
- ☐
- ☐
- ☐
- ☐
- ☐
- ☐
- ☐

NO OLVIDAR...

Hoy va a ser Mí día

FECHA

HORARIO

HORA	ACTIVIDAD

Frase motivadora

PROYECTO

NOTAS

TEMAS A ESTUDIAR
- ☐
- ☐
- ☐
- ☐
- ☐
- ☐
- ☐
- ☐
- ☐
- ☐

NO OLVIDAR...

Hoy va a ser Mí día

FECHA

HORARIO

HORA	ACTIVIDAD

Frase motivadora

PROYECTO

NOTAS

TEMAS A ESTUDIAR
- [ ]
- [ ]
- [ ]
- [ ]
- [ ]
- [ ]
- [ ]
- [ ]
- [ ]
- [ ]

NO OLVIDAR...

Hoy va a ser
Mí día

FECHA

Frase motivadora

PROYECTO

HORARIO

HORA	ACTIVIDAD

NOTAS

TEMAS A ESTUDIAR
- ☐
- ☐
- ☐
- ☐
- ☐
- ☐
- ☐
- ☐
- ☐
- ☐

NO OLVIDAR...

Hoy va a ser Mi día

Frase motivadora

FECHA

PROYECTO

HORARIO

HORA	ACTIVIDAD

NOTAS

TEMAS A ESTUDIAR
- ☐
- ☐
- ☐
- ☐
- ☐
- ☐
- ☐
- ☐
- ☐
- ☐

NO OLVIDAR...

Hoy va a ser
Mi día

Frase motivadora

FECHA

PROYECTO

HORARIO

HORA	ACTIVIDAD

NOTAS

TEMAS A ESTUDIAR
- ☐
- ☐
- ☐
- ☐
- ☐
- ☐
- ☐
- ☐
- ☐
- ☐
- ☐

NO OLVIDAR...

Hoy va a ser
Mi día

FECHA

HORARIO

HORA	ACTIVIDAD

Frase motivadora

PROYECTO

NOTAS

TEMAS A ESTUDIAR
- ☐
- ☐
- ☐
- ☐
- ☐
- ☐
- ☐
- ☐
- ☐
- ☐

NO OLVIDAR...

Hoy va a ser **Mi día**

FECHA

HORARIO

HORA	ACTIVIDAD

Frase motivadora

PROYECTO

NOTAS

TEMAS A ESTUDIAR
- ☐
- ☐
- ☐
- ☐
- ☐
- ☐
- ☐
- ☐
- ☐
- ☐

NO OLVIDAR...

Hoy va a ser
Mi día

FECHA

HORARIO

HORA	ACTIVIDAD

Frase motivadora

PROYECTO

NOTAS

TEMAS A ESTUDIAR
- ☐
- ☐
- ☐
- ☐
- ☐
- ☐
- ☐
- ☐
- ☐
- ☐

NO OLVIDAR...

Hoy va a ser Mi día

FECHA

Frase motivadora

PROYECTO

HORARIO

HORA	ACTIVIDAD

NOTAS

TEMAS A ESTUDIAR
- [ ]
- [ ]
- [ ]
- [ ]
- [ ]
- [ ]
- [ ]
- [ ]
- [ ]
- [ ]

NO OLVIDAR...

Hoy va a ser
Mi día

FECHA

HORARIO

HORA	ACTIVIDAD

Frase motivadora

PROYECTO

NOTAS

TEMAS A ESTUDIAR
- ☐
- ☐
- ☐
- ☐
- ☐
- ☐
- ☐
- ☐
- ☐
- ☐

NO OLVIDAR...

Hoy va a ser
Mí día

FECHA

HORARIO

HORA	ACTIVIDAD

Frase motivadora

PROYECTO

NOTAS

TEMAS A ESTUDIAR
- ☐
- ☐
- ☐
- ☐
- ☐
- ☐
- ☐
- ☐
- ☐
- ☐

NO OLVIDAR...

Hoy va a ser Mí día

Frase motivadora

FECHA

HORARIO

HORA	ACTIVIDAD

PROYECTO

NOTAS

TEMAS A ESTUDIAR
- ☐
- ☐
- ☐
- ☐
- ☐
- ☐
- ☐
- ☐
- ☐
- ☐

NO OLVIDAR...

Hoy va a ser
Mi día

FECHA

HORARIO

HORA	ACTIVIDAD

Frase motivadora

PROYECTO

NOTAS

TEMAS A ESTUDIAR
- ☐
- ☐
- ☐
- ☐
- ☐
- ☐
- ☐
- ☐
- ☐
- ☐
- ☐

NO OLVIDAR...

Hoy va a ser Mí día

FECHA

HORARIO

HORA	ACTIVIDAD

Frase motivadora

PROYECTO

NOTAS

TEMAS A ESTUDIAR
- ☐
- ☐
- ☐
- ☐
- ☐
- ☐
- ☐
- ☐
- ☐
- ☐

NO OLVIDAR...

Hoy va a ser Mí día

FECHA

Frase motivadora

PROYECTO

HORARIO

HORA	ACTIVIDAD

NOTAS

TEMAS A ESTUDIAR
- [ ]
- [ ]
- [ ]
- [ ]
- [ ]
- [ ]
- [ ]
- [ ]
- [ ]
- [ ]

NO OLVIDAR...

Hoy va a ser Mí día

FECHA

Frase motivadora

PROYECTO

HORARIO

HORA	ACTIVIDAD

NOTAS

TEMAS A ESTUDIAR
- ☐
- ☐
- ☐
- ☐
- ☐
- ☐
- ☐
- ☐
- ☐
- ☐

NO OLVIDAR...

Hoy va a ser Mí día

Frase motivadora

FECHA _____

PROYECTO

HORARIO

HORA	ACTIVIDAD

NOTAS

TEMAS A ESTUDIAR
- ☐
- ☐
- ☐
- ☐
- ☐
- ☐
- ☐
- ☐
- ☐
- ☐

NO OLVIDAR...

Hoy va a ser

Mi día

FECHA

HORARIO

HORA	ACTIVIDAD

Frase motivadora

PROYECTO

NOTAS

TEMAS A ESTUDIAR
- ☐
- ☐
- ☐
- ☐
- ☐
- ☐
- ☐
- ☐
- ☐
- ☐

NO OLVIDAR...

Hoy va a ser Mí día

FECHA

HORARIO

HORA	ACTIVIDAD

Frase motivadora

PROYECTO

NOTAS

TEMAS A ESTUDIAR
- [ ]
- [ ]
- [ ]
- [ ]
- [ ]
- [ ]
- [ ]
- [ ]
- [ ]
- [ ]

NO OLVIDAR...

Hoy va a ser Mí día

FECHA

Frase motivadora

PROYECTO

HORARIO

HORA	ACTIVIDAD

NOTAS

TEMAS A ESTUDIAR
- ☐
- ☐
- ☐
- ☐
- ☐
- ☐
- ☐
- ☐
- ☐
- ☐

NO OLVIDAR...

Hoy va a ser
Mi día

FECHA

Frase motivadora

PROYECTO

HORARIO

HORA	ACTIVIDAD

NOTAS

TEMAS A ESTUDIAR
- ☐
- ☐
- ☐
- ☐
- ☐
- ☐
- ☐
- ☐
- ☐
- ☐

NO OLVIDAR...

Hoy va a ser
Mi día

FECHA

HORARIO

HORA	ACTIVIDAD

Frase motivadora

PROYECTO

NOTAS

TEMAS A ESTUDIAR
- ☐
- ☐
- ☐
- ☐
- ☐
- ☐
- ☐
- ☐
- ☐
- ☐

NO OLVIDAR...

Hoy va a ser Mi día

FECHA

HORARIO

HORA	ACTIVIDAD

Frase motivadora

PROYECTO

NOTAS

TEMAS A ESTUDIAR
- ☐
- ☐
- ☐
- ☐
- ☐
- ☐
- ☐
- ☐
- ☐
- ☐

NO OLVIDAR...

Hoy va a ser Mi día

FECHA

Frase motivadora

PROYECTO

HORARIO

HORA	ACTIVIDAD

NOTAS

TEMAS A ESTUDIAR
- [ ]
- [ ]
- [ ]
- [ ]
- [ ]
- [ ]
- [ ]
- [ ]
- [ ]
- [ ]

NO OLVIDAR...

Hoy va a ser
Mi día

FECHA

HORARIO

HORA	ACTIVIDAD

Frase motivadora

PROYECTO

NOTAS

TEMAS A ESTUDIAR
- ☐
- ☐
- ☐
- ☐
- ☐
- ☐
- ☐
- ☐
- ☐
- ☐

NO OLVIDAR...

Hoy va a ser
Mi día

FECHA

HORARIO

HORA	ACTIVIDAD

Frase motivadora

PROYECTO

NOTAS

TEMAS A ESTUDIAR
- [ ]
- [ ]
- [ ]
- [ ]
- [ ]
- [ ]
- [ ]
- [ ]
- [ ]
- [ ]

NO OLVIDAR...

Hoy va a ser Mí día

FECHA

Frase motivadora

PROYECTO

HORARIO

HORA	ACTIVIDAD

NOTAS

TEMAS A ESTUDIAR
- ☐
- ☐
- ☐
- ☐
- ☐
- ☐
- ☐
- ☐
- ☐
- ☐

NO OLVIDAR...

Hoy va a ser Mí día

FECHA

Frase motivadora

HORARIO

HORA	ACTIVIDAD

PROYECTO

NOTAS

TEMAS A ESTUDIAR
- ☐
- ☐
- ☐
- ☐
- ☐
- ☐
- ☐
- ☐
- ☐
- ☐

NO OLVIDAR...

Hoy va a ser **Mí día**

_____
FECHA
_____

HORARIO

HORA	ACTIVIDAD

Frase motivadora

PROYECTO

NOTAS

TEMAS A ESTUDIAR
- ☐
- ☐
- ☐
- ☐
- ☐
- ☐
- ☐
- ☐
- ☐
- ☐

NO OLVIDAR...

Hoy va a ser Mí día

Frase motivadora

FECHA

PROYECTO

HORARIO

HORA	ACTIVIDAD

NOTAS

TEMAS A ESTUDIAR
- ☐
- ☐
- ☐
- ☐
- ☐
- ☐
- ☐
- ☐
- ☐
- ☐

NO OLVIDAR...

Hoy va a ser **Mi día**

FECHA

HORARIO

HORA	ACTIVIDAD

Frase motivadora

PROYECTO

NOTAS

TEMAS A ESTUDIAR
- ☐
- ☐
- ☐
- ☐
- ☐
- ☐
- ☐
- ☐
- ☐
- ☐
- ☐

NO OLVIDAR...

Hoy va a ser Mí día

FECHA

HORARIO

HORA	ACTIVIDAD

Frase motivadora

PROYECTO

NOTAS

TEMAS A ESTUDIAR
- ☐
- ☐
- ☐
- ☐
- ☐
- ☐
- ☐
- ☐
- ☐
- ☐

NO OLVIDAR...

Hoy va a ser Mi día

FECHA

Frase motivadora

PROYECTO

HORARIO

HORA	ACTIVIDAD

NOTAS

TEMAS A ESTUDIAR
- [ ]
- [ ]
- [ ]
- [ ]
- [ ]
- [ ]
- [ ]
- [ ]
- [ ]
- [ ]

NO OLVIDAR...

Hoy va a ser Mi día

FECHA

Frase motivadora

PROYECTO

HORARIO

HORA	ACTIVIDAD

NOTAS

TEMAS A ESTUDIAR

- ☐
- ☐
- ☐
- ☐
- ☐
- ☐
- ☐
- ☐
- ☐
- ☐

NO OLVIDAR...

Hoy va a ser Mi día

FECHA

HORARIO

HORA	ACTIVIDAD

Frase motivadora

PROYECTO

NOTAS

TEMAS A ESTUDIAR
- ☐
- ☐
- ☐
- ☐
- ☐
- ☐
- ☐
- ☐
- ☐
- ☐

NO OLVIDAR...

Hoy va a ser
Mi día

FECHA

HORARIO

HORA	ACTIVIDAD

Frase motivadora

PROYECTO

NOTAS

TEMAS A ESTUDIAR
- ☐
- ☐
- ☐
- ☐
- ☐
- ☐
- ☐
- ☐
- ☐
- ☐
- ☐

NO OLVIDAR...

Hoy va a ser Mí día

FECHA

HORARIO

HORA	ACTIVIDAD

Frase motivadora

PROYECTO

NOTAS

TEMAS A ESTUDIAR
- ☐
- ☐
- ☐
- ☐
- ☐
- ☐
- ☐
- ☐
- ☐
- ☐

NO OLVIDAR...

Hoy va a ser
Mi día

FECHA

HORARIO

HORA	ACTIVIDAD

Frase motivadora

PROYECTO

NOTAS

TEMAS A ESTUDIAR
- ☐
- ☐
- ☐
- ☐
- ☐
- ☐
- ☐
- ☐
- ☐
- ☐

NO OLVIDAR...

NOTAS

NOTAS

NOTAS

NOTAS

CONTACTOS

Nombre: _____
Tlf.: _____
Móvil: _____
Dirección: _____
_____
e-mail: _____

Nombre: _____
Tlf.: _____
Móvil: _____
Dirección: _____
_____
e-mail: _____

Nombre: _____
Tlf.: _____
Móvil: _____
Dirección: _____
_____
e-mail: _____

Nombre: _____
Tlf.: _____
Móvil: _____
Dirección: _____
_____
e-mail: _____

Nombre: _____
Tlf.: _____
Móvil: _____
Dirección: _____
_____
e-mail: _____

Nombre: _____
Tlf.: _____
Móvil: _____
Dirección: _____
_____
e-mail: _____

Nombre: _____
Tlf.: _____
Móvil: _____
Dirección: _____
_____
e-mail: _____

Nombre: _____
Tlf.: _____
Móvil: _____
Dirección: _____
_____
e-mail: _____

Nombre: _____
Tlf.: _____
Móvil: _____
Dirección: _____
_____
e-mail: _____

Nombre: _____
Tlf.: _____
Móvil: _____
Dirección: _____
_____
e-mail: _____

CONTACTOS

Nombre: _____   Nombre: _____
Tlf.: _____   Tlf.: _____
Móvil: _____   Móvil: _____
Dirección: _____   Dirección: _____
_____   _____
e-mail: _____   e-mail: _____

Nombre: _____   Nombre: _____
Tlf.: _____   Tlf.: _____
Móvil: _____   Móvil: _____
Dirección: _____   Dirección: _____
_____   _____
e-mail: _____   e-mail: _____

Nombre: _____   Nombre: _____
Tlf.: _____   Tlf.: _____
Móvil: _____   Móvil: _____
Dirección: _____   Dirección: _____
_____   _____
e-mail: _____   e-mail: _____

Nombre: _____   Nombre: _____
Tlf.: _____   Tlf.: _____
Móvil: _____   Móvil: _____
Dirección: _____   Dirección: _____
_____   _____
e-mail: _____   e-mail: _____

Nombre: _____   Nombre: _____
Tlf.: _____   Tlf.: _____
Móvil: _____   Móvil: _____
Dirección: _____   Dirección: _____
_____   _____
e-mail: _____   e-mail: _____

MIS VIAJES

Destino: _____
Fecha de ida: _____ Fecha de vuelta: _____
Sitios de interés: _____
_____

Presupuesto: _____

Destino: _____
Fecha de ida: _____ Fecha de vuelta: _____
Sitios de interés: _____
_____

Presupuesto: _____

Destino: _____
Fecha de ida: _____ Fecha de vuelta: _____
Sitios de interés: _____
_____

Presupuesto: _____

Destino: _____
Fecha de ida: _____ Fecha de vuelta: _____
Sitios de interés: _____
_____

Presupuesto: _____

Destino: _____
Fecha de ida: _____ Fecha de vuelta: _____
Sitios de interés: _____
_____

Presupuesto: _____

MIS VIAJES

Destino: _____
Fecha de ida: _____ Fecha de vuelta: _____
Sitios de interés: _____
_____

Presupuesto: _____

Destino: _____
Fecha de ida: _____ Fecha de vuelta: _____
Sitios de interés: _____
_____

Presupuesto: _____

Destino: _____
Fecha de ida: _____ Fecha de vuelta: _____
Sitios de interés: _____
_____

Presupuesto: _____

Destino: _____
Fecha de ida: _____ Fecha de vuelta: _____
Sitios de interés: _____
_____

Presupuesto: _____

Destino: _____
Fecha de ida: _____ Fecha de vuelta: _____
Sitios de interés: _____
_____

Presupuesto: _____

MIS GASTOS

Mes: _____

CONCEPTO	GASTOS	INGRESOS
TOTAL		

PÉRDIDAS:_____   AHORRO:_____

MIS GASTOS

Mes: _____

CONCEPTO	GASTOS	INGRESOS
TOTAL		

PÉRDIDAS:_____ AHORRO:_____

MIS GASTOS

Mes: _____

CONCEPTO	GASTOS	INGRESOS
TOTAL		

PÉRDIDAS:_____   AHORRO:_____

MIS GASTOS

Mes: _____

CONCEPTO	GASTOS	INGRESOS
TOTAL		

PÉRDIDAS: _____   AHORRO: _____

MIS GASTOS

Mes:_____

CONCEPTO	GASTOS	INGRESOS
TOTAL		

PÉRDIDAS:_____   AHORRO:_____

MIS GASTOS

Mes: _____

CONCEPTO	GASTOS	INGRESOS
TOTAL		

PÉRDIDAS: _____   AHORRO: _____

MIS GASTOS

Mes: _____

CONCEPTO	GASTOS	INGRESOS
TOTAL		

PÉRDIDAS:_____   AHORRO:_____

MIS GASTOS

Mes: _____

CONCEPTO	GASTOS	INGRESOS
TOTAL		

PÉRDIDAS: _____   AHORRO: _____

MIS GASTOS

*Mes:*_____

CONCEPTO	GASTOS	INGRESOS
TOTAL		

PÉRDIDAS:_____ AHORRO:_____

MIS GASTOS

Mes: _____

CONCEPTO	GASTOS	INGRESOS
TOTAL		

PÉRDIDAS:_____   AHORRO:_____

MIS GASTOS

Mes: _____

CONCEPTO	GASTOS	INGRESOS
TOTAL		

PÉRDIDAS:_____ AHORRO:_____

MIS GASTOS

Mes: _____

CONCEPTO	GASTOS	INGRESOS
TOTAL		

PÉRDIDAS: _____   AHORRO: _____